CATALOGUE

DES LIVRES

DE FEU

Mr BRIOT.

A PARIS,

M. DC. LXXIX.

A V I S.

ON avoit prétendu faire faire ce Catalogue, ſuivant l'ordre des Matieres que feu Monſieur B R I O T y avoit donné pour ſon uſage ; & qui ſe fuſt peut-être trouvé agreable & utile au Public, ſi ceux qui y ont été emploïez, euſſent ſeulement ſuivi l'ordre de ſes Tablettes : mais au contraire, tout en a été tellement broüillé, qu'on a eu peine à y pouvoir donner quelque forme raiſonnable. On a choiſi celle-ci, afin que ceux qui voudront ſoit la Biblioteque entiere ſans les Anglois, ſoit avec les Anglois ou des matieres ſeparées, puiſſent faire leurs offres & encheres.

Ces Livres ſont au Fauxbourg S. Germain, à l'Hôtel de la Tremoille, proche la Baſſe-Court de Luxembourg, où demeuroit feu Monſieur B R I O T, & on les pourra voir plus commodément le matin, mais toûjours à coup ſeur à toute heure, en avertiſſant audit Hôtel.

Les Livres ſont tres-bien conditionnez & des meilleures Editions, & les Sçavans en reconnoîtront aiſément le bon choix.

CATALOGUE
DES LIVRES
DE FEU
Mr BRIOT.

THEOLOGIENS in folio.

Biblia Sacra Polyglotta, 6. volumes, fol. maroquin, *Londini* 1657.
Biblia Critica, fol. 12. vol. 1660.
Biblia Sacra Sixti quinti, fol. 2. vol. *Roma Vatican* 1512.
Biblia Sacra Tremellii & Junii, fol. 2. vol. *Hannoviæ Wekel* 1596.
Biblia Sacra Germanica, fol. maroquin, *Basileæ* 1665.
Biblia Sacra Italiana Diodati, fol. *Geneva* 1641.
Biblia Sacra Ferraresca Española, fol. *Hollande* 1537.
Bible Françoise par Desmarests, fol. 2. vol. grand pap. maroquin, 1669.
Bible Françoise par Diodati, fol. *Geneve* 1644.
Bible Françoise par Juilleron, fol. *Lyon* 1603.
Novum Testamentum Græcum Roberti Steph. fol. 1550.
Novum Testamentum Græcum Bezæ, fol. *Cantabrigiæ* 1642.
Theatrum Terræ Sanctæ, Andrichomii, fol. *Coloniæ* 1628.
Bocharti Phaleg Geographia sacra, fol. *Cadomi* 1646.

A

Ejufdem de Animalibus, &c. grand pap. fol. *Londini* 1643.
Cronologia Sacra, fol. *Vitré* 1662.
Geographia Sacra, Autore Carolo à Sancto Paulo, Abbate Fulienf, fol. grand pap. *Cramoify* 1641.
Pontificale Romanum , fol. *Venetiis* 1582.
Pontificale Romanum, fol. *Parifiis* 1664. cum figuris 1633.
Ceremoniale Epifcoporum, fol. cum figuris, *Parifiis.*
Photii Bibliotheca , carta magna, fol. *Rothomagi* 1655.
Alvares Pelagius de planctu Ecclefiæ, fol. *gottique.*
Voffius de Idololatria , fol. 2. vol. *Hollande.*
Nicolaus de Cufa, fol. *Bafilea* 1665.
Albertinus de Euchariftia, fol. *Deventriæ* 1655.
Poffevini Bibliotheca & Apparatus facer , fol. 2. vol. *Colonia* 1607.
De Dominis de Republica Chriftiana, 3. vol. *Londini* 1617.
Pandectæ Canonum Apoftolorum, fol. 2. vol. *Londini.*
Catalogus Teftium veritatis, fol.
Eufebii Hiftoria Ecclefiaftica, fol. Gr. Lat. *Geneva* 1612.
Eufebii Hiftoria Ecclefiaftica Valefii, fol. 3. vol. *Parifiis.*
Valefii Socratis & Sozomeni Hiftoria Ecclefiaftica, fol.
Codex Canonum Juftelli, fol. Gr. Lat. *Parifiis* 1661.
Origines Ecclefiafticæ Montacuti , fol. *Londini* 1636.
Nicephori Hiftoria Ecclefiaftica, fol. 2. vol. Gr. Lat. *Parifiis Cramoify* 163.
Concilia Generalia Binii, fol. 9. vol. *Colonia.*
Concilium Tridentinum, *Louvanii,* fol. maroquin 1567.
Concilia Galliæ Sirmondi, fol. 3. vol. *Parifiis Cramoify* 1629.
Hiftoria Concilii Florentini, fol. *Haga-Comitis* 1660.
Hiftoria del Concilio Tridentino, fol. maroquin *Londini* 1619.
Chemnicius in Concilium Tridentinum , fol. *Francofurti* 1596.
Spelmannus in Concilia Anglicana, fol. 2. vol. *Londini* 1664.
Concilium Illiberitanum, fol. Mendofæ *Lugduni* 1665.
Acta Synodi Dordrecti habitæ, fol. *Elzevir* 1620.
Cronicum Canonum Ægyptiacum , fol. 1672.
Clementis Alexandrini Opera, fol. Gr. Lat. carta magna *Parifiis* 1641.
Juftini Opera, fol. Gr. Lat. *Parifiis, apud Sonium* 1615.
Athanafii Opera, fol. 2. vol. Lat. itidem, *Sonius* 1627.
Irenæi Opera Feuardentii, fol. *Colonia Agrippina* 1625.
Sancti Cypriani Opera Rigaltii, fol. *Parifiis* 1648.

Epiphanii Opera Petavii , fol. 2. vol. *Parisiis Sonius* 1622.
Tertulianus Rigaltii & Pamelii, fol. 2. vol. *Parisiis* 1641.
Optanus Albaspinæi , fol. *Parisiis Sonius* 1631.
Gersoni Opera 2. *Parisiis la grande Navire* 1606.
Annales Baronii , fol. 12. vol. *Roma* 1607.
Baronii Martyrologium Romanum, fol. *Plantin* 1613.
Casauboni animadversiones in Baronium, fol. *Londini* 1614.
Centuria Magdeburgensis , fol. 13. vol. *Colonia Basilea* 1562.
Trithemi Opera, fol. 2. vol. *Francofurti Vekel* 1601. & *Moguntia*
    1606.
Picolomini Epistolæ & Commentarii, fol. *Mediolani* 1506,
Forbesii Historia Evangelica, fol. *Amstelodami* 1645.
Marca de Concordia, fol. carta magna, *Parisiis* 1663.
Philo Judæus, fol. *Parisiis la grande Navire* 1640.
Ravanelli Bibliotheca Sacra, fol. 3. vol. *Geneva* 1660.
Vivis Opera, fol. 2. vol. *Basilea* 1555.
Bibliotheca Sixti Senensis, fol. *Parisiis* 1610.
Ciaconius de vitis Pontificum , fol. grand papier , *Roma Vatican,*
    1630.
Platina de vitis Pontificum, fol. *Colonia* 1568.
Journal de Saint Amour, fol. ⸺⸺⸺⸺⸺⸺⸺⸺⸺
Predeaux Lectiones, fol. *Oxonia* 1648.
Joseph, de la traduction de Monsieur Arnaud, fol. 2. vol. *Paris*
    Petit.
Usserii Annales , fol. 2. vol. *Londini* 1650. ⸺⸺⸺⸺⸺⸺
Eugubini Opera fol. 3. vol. *Parisiis Sonius* 1577.
Pici secundi Epistolæ, fol.
Seldenus de Jure naturali, fol. *Londini* 1640.
Bibliotheca fratrum Polonorum , sive scripta Socinianorum in
    Sacram scripturam , fol. 10. vol. *Ireno & Eleutheropoli*
    1656.
Vitacherii Opera, fol. 2. vol. *Geneva Crespin* 1610.
Divi Hieronymi Stridonensis Epistolæ, cum Scholiis Erasmi , fol.
    Parisiis 1546.
Calvini Epistolæ, fol. *Geneva* 1617.
Institution Chrestienne de Calvin , fol. *Geneve Perrin* 1666.
Æneas Sylvius , fol. *Basle Henry Petre.*
Blondel de la Primauté de l'Eglise , fol. grand pap. *Geneve Choüet*
    1641.
Nouveauté du Papisme, fol. *Sedan Ieannon* 1627.

Buceri scripta Anglicana ad Euchariſticas Controverſias , fol.
    Baſilea 1577.
Index librorum prohibitorum, fol. 2. vol. *Madrid* & *Rome* 1667.
Ars caballiſtica Rivii, fol. 2. vol. *Baſle, Henry Pétre*.
Volphius lectionum Memorabilium, fol. 2. vol. 1600.
Alcoran Mahometheus, fol. 1550.
Vadianus de Euchariſtia & Zuinglii & Oecolampadi Epiſtolæ,
    fol.
Onus Eccleſiæ, fol. anno 1531.
Melanctonis Mori, Vivis & Eraſmi Epiſtolæ, fol. 2. vol. *Londini*
    1642.
Hoſpiniani opera, fol. 6. vol. *Tiguri*.
Gallia Chriſtiana fol. 4. vol. *Pariſiis* 1656.
Libertez de l'Egliſe Gallicane avec les preuves, fol. 3. vol. *Cramoiſy*
    1651.
Calvini opuſcula, fol. *Geneva* 1612.

THEOLOGIENS ANGLOIS in folio.

ROchs adminiſtratio Sacramenti, fol. en Anglois.
RHookers of the Lawes, of Eccleſiaſtical politie , fol.
    London.
Rationnal Account of Proteſtant Religion Stilingfleets , fol.
    London 1665.
Heylyns hiſtory of reformation, of the Curch, of England, fol.
    London 1661.
Cyprianus Anglicus Heylyns, fol. *London* 1668.
Heylyns hiſtory of Epiſcopacy.
Ushers Body of Divinity, fol. *London*.
The Book of common Prayer, fol. *London* 1636.
Thomæ Fullers Piſgah fight of Paleſtine, fol. *London* 1650.
Fullers Churchs hiſtory, fol. *London* 1655.
Fullers Worthies of England , fol. *London* 1662.
Fullers Holy ſtate, fol. *Cambridge* 1642.
Mores myſtery of Godlineſſ, fol. *London* 1664.
Mores myſtery of iniquity, fol. *London* 1664.
Mores à collection of Several philoſophical writings, fol. *London*
    1662.

Wottons

Wottons ftate of Chriftandom, fol. *London 1657.*
The hiftory of S. Pauli Cathedral. By William Dugdale, fol. 1668.
Spot fwoods hiftory, of the Church, of Scotland, fol. *London 1655.*
Hakevilles apologie, of the proweraud Providence of God, fol. *London 1635.*
Howards deffenfative, of fuppofed Propheties, fol. 1620.
Dees Relation of his actions With Sprits, fol. *London 1665.*
Democritus Junior the anathomy, of Melancholy, fol. *Oxford 1638.*
Digby of the immortality, of foules, fol. *Paris 1644.*
Scots Difcovery of Witcheraft, fol. *London 1665.*
Ecclefia reftaurata By Heylyn, fol. *London.*
Pagits Chriftiano Graphy, fol. *London 1640.*
Obes Leviathan, fol. *London 1651.*
Chillingwort the Religion, of Proteftants, fol. *Lond. 1638.*

THEOLOGIENS in quarto.

BIBLIA Sacra, *Vitré* 4. maroquin 1666.
Nouveau Teftament de Mons, 4.
Cartwricht Harmonia Evangelica, 4. *Lugduni Batav. 1647.*
Buxtorphi Differtationes, 4. *Bafilea 1662.*
Buxtorphi liber Cofri, 4. *Bafilea 1660.*
Buxtorphi Exercitationes, 4. *Bafilea 1649.*
Buxtorphus de fponfalibus, 4. *Bafilea 1652.*
Buxtorphus in Talmud Judæorum, 4. *Heydelberga 1665.*
Sculteti medulla Theologica, 4. *Neapoli Nemetum 1665.*
Antiquitates Ecclefiarum Britannicarum, 4. 1639.
Ufferii Tractatus varii, 4. *Dublinii 1631.*
Volchelius de vera Religione, 4.
Arnoldus in Religionem Socinianam, 4. 1654.
Eniedinus in vetus & novum Teftamentum, 4.
Voetii electæ Difputationes Theologicæ 4. *Vltrajecti 1648.*
Cirellii Ethica Chriftiana, 4. *Selenoburgi.*

Syngramma Thesium Salmuriensium 4. *Saumur* 1644.
Placæi Disputationes , Christum prius fuisse quàm in utero Virgi-
nis, *&c.* 4. *Saumur* 1649.
Placæus de Divina Christi Essentia, 4. *Saumur* 1656.
Placæi Opuscula , 4. *Saumur* 1656.
Censura librorum Apocryphorum, 4. 2. vol. *Oppenheim* 1606.
Raynoldius de Idololatria , 4. *Oxoniæ* 1596.
Origenes contra Celsum , 4. *Cantabrigiæ* 1658.
Apologeticus Tertuliani, 4. Plantin 1613.
Arnobius adversùs Gentes, 4. *Lugd. Batav.* 1661.
Minutius Felix , 4. *Lugd. Batav. Ouzeli* 1652.
Vossius de Septuaginta Interpretibus , 4. *Hagæ-Comitum* 1661.
Vossii harmoni Evangelica , 4. *Amste.odami* 1656.
Vossius de Baptismo , 4. *Amstelodami* 1646.
Vossii Theses Theologicæ , 4. 1658.
Vossii Historia Pelagiana , 4. *Amstelodami* 1655.
Vossius de Genealogia Christi, & de tribus Symbolis, 4. 1644.
Salmasius de Primatu Papæ , 4. 1645.
Cappelli vindiciæ, *&c.* 4. *Francofurti* 1669.
Ludovici de Dieu, Historia Christi, 4. 2. vol. *Lugd. Bat.* 1639.
Ignatii Epistolæ per Vossium , 4. *Amstelodami* 1646.
Polycarpi & Ignatii Epistolæ, Usserii, 4. *Oxoniæ* 1644.
Ignatii Epistolæ per Videllium , 4. *Geneva* 1613.
Vindiciæ Epistolarum sancti Ignatii, 4. *Cantabrigiæ* 1672.
Clemens ad Corinthios per Patricium Junium , 4. *Oxoniæ* 1633.
Parcher de Deo, 4. *Londini* 1663.
Cœlum Orientis, 4. *Oxoniæ* 1657.
De Religione Gentilium Herbert Cherbim , 4. *Amstelodami*
1663.
Horæ Hebraïcæ & Talmudicæ, 4. 3. vol. *Cantabrigiæ , Parisiis
Varenne* 1661.
Jonæ codex Talmudicus , 4. *Londini* 1648.
Durandi Rationale divinorum Officiorum , 4. *Venetiis* 1568.
Elenchus Hæreticorum , 4. *Coloniæ* 1605.
Coccii Censura Patrum aliquot, 4. *Londini* 1614.
Vareus de Scriptoribus Hyberniæ, 4. *Dublinii* 1639.
Bellarminus de Scriptoribus Ecclesiasticis, 4. *Lugd.* 1613.
Apologia Gersoni, 4. *Lugd. Batav.* 1676.
Theologia Moscovitica, 4. 1582.
Herfterberg Ecclesia Valdensium , 4. *Argentorati* 1668.

Erneſtus de variis Religionis Diſſertationibus, 4. 1667. ————
Spanhemii dubia Evangelica, 4. *Geneva* 1634.
Wendet de vitâ Functorum ſtatu, 4. *Londini* 1663. ————
Vorſtius de Deo, 4. 1610.
Uſſerii Cronologia ſacra Barlow, *Oxonia* 1660.
Albaleſpini de veteribus Eccleſiæ Ritibus, 4. *Pariſiis Sonius* 1622.
Georgii veneti Problemata, 4. *Lutetia* 1622.
Fialetti Hiſtoire de l'Inſtitution des Ordres Religieux, 4. *Paris* ————
     1658.
· De Cruciatibus Martyrum, Galenius, 4. *Pariſiis* 1659.
Corpus Confeſſionum fidei, 4. *Geneva* 1654.
Trithiemius de Scriptoribus Eccleſiaſticis 4. *Colonia* 1556.
Hiſtoire de la Confeſſion d'Auſbourg, 4. *Antuerpia* 1682.
Macarius Abraxas cum figuris, 4. *Plantin* 1657.
Hornei Compendium Hiſtoriæ Eccleſiaſticæ, 4. *Brunſwick* 1647.
Hiſtoria Eccleſiaſtica Capelli, 4. *Sedan Jeannon* 1622.
Hiſtoria Apoſtolica Capelli, 4. *Geneva* 1639.
Tortura Torti 4. *Londini* 1609.
Harmonia Confeſſionis fidei, 4. *Geneva* 1581.
De Suburbicariis Eccleſiis Authores varii, 4. *Francofurti* 1618.
     · *Nivele* 1619.
Maymonides de Sacramentis, 4. *Heydelberga* 1672.
S. Coch tituli duo Tamuldici, 4. *Amſtelodami* 1629.
Leo Alatius de Templis Græcorum, 4. *Colonia Agripp.* 1665.
Les Oeuvres de ſaint Cyprien en François, 4. *Lambert Paris*
     1672.
Réponſe de Monſieur Claude à la perpetuité de la Foy de Mon-
     ſieur Arnaud, 4. 1670.
Hiſtoire de l'Euchariſtie de la Roque, 4. *Amſterdam* 1668.
De Dominis, de pace Religionis, 4. *Veſuntione* 1646.
Réponſe à Monſieur Arnaud, 4. 1668.
Réponſe aux préjugez, 4. 1673.
Réponſe aux Conſtitutions d'Innocent X. 4. 1605.
Pſeudo-Iſidorus Blondelli, 4. *Geneva* 1628.
Blondel des Sybilles, 4. 1649.
Blondelli Diatribæ de Uſu formulæ, 4. *Amſtelodami Blaeu*
     1646.
Apologia de Epiſcopis & Preſbyteris Blondel, 4. *Amſtelodami*
     1646.
Euchariſticon Sirmundi, 4. *Pariſiis* 1611.

Dallæus de Confeſſione Auriculari, 4.

Dallæus de Pœnis & Satisfactionibus, 4. *Amſtelodami* 1649.

Dallæus de cultu Religionis, 4. *Geneva* 1664.

Dallæus de cultu Religioſo, opus poſthumum, 4. *Geneva* 1671.

Dallæeus de Unctione, 4. *Geneva* 1659.

Dallæus de ſcriptis Dionyſii Areopagitæ, & Ignatii Antiochæni, 4. *Geneva* 1666.

Dallæus de uſu Patrum, 4. *Geneva* 1656.

Replique au P. Adam par Daillé, 4. *Varenne* 1663.

Diſcours des Tabernacles, Dacquin, 4. *Paris* 1613.

Mori Opuſcula varia, 4. *Medioburgi* 1653.

Eraſtus de Excommunicatione, 4. *Peſclavii* 1589.

Seyſſellus adverſus Valdenſium errores, 4. imprimé ſur veſlin *Paris* 1520.

Jus Belgaſum, 4. parchemin.

Molinæi Paræneſis, 4. *Londini* 1656.

Satanæ ſtratagemata, 4. *Baſilea Perna* 1565.

Calixtus de conjugio Clericorum, 4. *Francofurti* 1655.

Heſichen Kirchen Ordnung, 4. en Allemand, *Caßel* 1657.

Flavianus de fulmine, 4. *Eleutheropoli* 1651.

Bellum Papale, 4. *Londini* 1660.

De la Diſcipline des Egliſes Reformées, 4. 2. vol. 1656. Huiſ— *Saumur* 1666.

Myſteria Hollandica, 4. *Holderi Duvocortori* 1618.

Acta Synodi Dordracenæ Herderwiie, 4. 1620.

Actes authentiques de Blondel, 4. *Amſterdam* 1655.

Delrio Diſquiſitiones Magicæ, 4. *Col. Agripp.* 1633.

Franciſci Modii totius Cleri habitus, 4 *Francofurti* 1685.

Marculfi formulæ, 4. *Cramoiſy* 1666.

Sidonius Appollinaris Sirmundi, 4.

Philaſtrius de Hæreſibus, 4. *Helmſtadi* 1611.

Sixti Amamæ Antibarbarus Biblicus, 4. *Franekera* 1656.

Hiſtoria Anabaptiſtica, 4. *Baſilea* 1672.

Bebelli Antiquitates Eccleſiæ, 4. *Argentorati* 1669.

Morales des Jeſuites, 4. *Mons.*

Guillelmus de ſancto Amore, 4. *Conſtantia* 1632.

Nicolaus de Clemangis, 4. *Lugd. Bat.* 1613.

Abelardi Epiſtolæ, 4. *Pariſiis* 1616.

Denys Raymon, 4. parties, 4. *Cologne* 1660.

Pitſæus de Scriptoribus Anglicis, 4. *Cramoiſy* 1619.

Godwinus

Godwinus de Prælatis Angliæ, 4. *Londini* 1616.
Bulli harmonia Ecclesiastica, 4. *Londini* 1670.
Irenæus Philadelphus de motibus Angliæ, 4. 1641.
De statu Ecclesiæ in Anglia, 4. *Dantisci* 1647.
Forbesii Parænesis, 4. *Aberdoniæ* 1636.
Veteris & novi Testamenti figuræ, 4. *Mariette.*
Preadamitæ, 4. 1655.
Papirius Masso de Episcopis, 4. *Nivelle* 1586.
Concordia scientiæ cum fide Bonartis, 4. 1665.
Philosophia Sacræ scripturæ Interpres, 4. 1666.
Ludovicus de Dieu, in Epistolas, Acta Apostolorum, 4. *Elzevir*
   1634.
Lux in tenebris, 4. 1657.
Tractatus Theologico-Politicus, 4. *Hamburgi* 1670.
Vita Fausti Socini, 4. manuscripta.
Notæ in libellum Martini Simglecii Jesuitæ, 4. *Racoviæ* 1614.
Guillelmus Postel, de Nativitate Mediatoris, 4.
Philostorgii Historia à Constantino Magno, 4. *Geneva* 1643.
Seldenus uxor Hebraïca, 4. *Londini* 1646.
Eutichii Origines Seldeni, 4. *Londini* 1642.
Relatione dello stato della Religione tradotta d'all'Inglese di Sandis,
   4. 1625.
...lli Historia Sacra, 4. *Sedani* 1613.
...merarii Meditationes Historicæ, 4. *Francofurti* 1624.
Herbertus de Veritate, 4. *Londini* 1645.
Panciroli nova Reperta, 4. *Francofurti.*
Roma finalis anno 1666. 4. *Londini* 1655.
Politica sacra & civilis, 4.

THEOLOGIENS ANGLOIS in quarto.

MILTHON du Divorce, 4.
New Anglish Canaam, 4. *Amstelodami* 1637.
The Rockes, of Christian shipw vacke, *London*
1618.
De Dominis his Shiftringe in Religion, 4.
Gilespie Aarons Rod. Blossoming, 4. *Lond.* 1606.
Shadwell the swnovist a cemedy, 4. *Lond.* 1671.

C

An Elegant difcours clavervell, 4.
Gravants obfervations, 4. *Lond.* 1662.
Harvei new Philofophy, 4. *Lond.* 1666.
Enquiries touching the diverfity of langage and Religion, 4. *Lond.* 1655.
Dailly Obfervations & Meditations divines, Morales, 4. 1634.
Nah quartinio 4. *Lond.* 1633.
English Schotifing & dangeroux pofitions, 4. *London* 1595.
A Refutation, of an Epiftle by a Puritan papifte 4. *London* 605.
A Pack of Puritans, 4. *Lond.* 1641.
Te catholixes fupplications for toleration, of catholike Rel. 1603.
Heylyn a Briete anfwer, to the feditions of Henry Barton, 4. *Lond.* 1637.
A declaration of thad Paradox, 4.
Lancelot thuvo anfwers, to Cardinall du Perron tractatus varii, 4. *Lond.* 1629.
Smith felect difcourfes, 4. *Lond.* 1660.
Thaylor the great exemplar of fanctity, 4. *Lond.* 1649.
A Brief ond moderate, 4. *Anvers.*
No preexiftence of humane fouls, 4. *Lond.* 1667.
Letters off refolutions concerning origen, 4. *Lond.* 1661.
The apoftafy mede of Demons 4. *Lond.* 1654.
Hokker of the lawes, Ecclefiaftical Politie, 4.
Stilingfleet Irenicum, 4. *Lond.* 1662.
Wems the chriftiam finagogue, 4. *Lond.* 1623.
Workes, 4. vol. 1636.
Milthon paradife Regaing, 4. *Lond.* 1671.
Tho the Right, 4. 1609.
The divin Rigth, of curch gouvernement, 4.
Avertiffement, 4.
Gattacher of lots, 4. *Lond.* 1627.
Gattacher a difcuffion, of the popiftch doctrine, of Tranfubftantiation, 4. *Lond.* 1624.
Religion of the Benjans, 4. *Lond.* 1630.
Heylin antidotum lyncolnieufe, 4. *London* 1637.
Ecclefia vindicata or the carch, of England juftified, 4. *London* 1657.
Heylin hiftoria quinqu' articularis, 4. *Lond.* 1665.
Hall Golden Remins, 4. *London* 1659.

Sir Lucius cary late lord vifcount, of falkand, Reply his difcour-
  fes, of infallibility, 4. *London* 1651.
Mountagu upon felden, of Tithes, 4. *London* 1621.
Brief viiew and furiiey, of the pernicious errous, at the theater, 4.
  1676.
The Queftions and chame, 4.
Cudworth a difcours concerning the truë notion, 4. *London* 1642.
Of the honor, of Gods Houfes, 4. *London* 1637.
Theftumblind Block of defobediance and Rebellion, *London*
  1658.
The Truthof thrée tings, 4. 1653.
Withe a Threutice of the Sabattaday, 4. *London* 1657.
And examination, and confultation of a lamielell pamphlet, 4.
Cade a juftification, of the Church, of England, 4. *London*
  1650.
The ahtar difput, 4. *London* 1641.
Pocklington tunday no fabath lennons, 4. *Lond.* 1636.
Epifcopacie By divine Righ, 4. *London* 1640.
Prynes of Ecclefiafticall Jurifdiction, 4. *London* 1645.
Prynes a Plea of Proteft Made & tractatus alii, *London* 1648.
A new difcovery, of the Prelates Tyranni, 4. 1641.
The Romanie Conclave, 4. *London* 1609.
Milthon the tenure, of tings and Magiftrates & ei conoclaftes, 4.
  London 1649.
The hiftory of dependency, 4. 1650.
A Brief and perfect relation, of the an finbes, of Ibrahor, 4. *Lond.*
  1647.
Præadamitæ, 4. 1958.
Colluvies Quackerorum Zentgrafii, 4. *Argentorati* 1665.
Ufsheri Armachani Difquifition touching the Afia propuly, 4.
  Oxford. 1643.
The Dook of common Prayer, 4. *London* 1641.
A tract concerning Schifme, 4. *London* 1642.
Bible en Anglois, 4.
Novum Teftamentum Gotticè Anglo-Saxonicum, 4. *Dordrecti*
  1665.
Ufferii opufcula Anglica, 4.
Abul Pharragii hiftoria Dynaftiarium, 4. *Oxoniæ* 1663.
Vindiciæ Academicorum, 4.
Origenes facræ, 4. *London* 1662. Stilingfleet.

THEOLOGIENS in Octavo.

MAILLARDI Sermones, gothique, 8. *Jean Petit.*
    Baleus de vitis Pontificum , 8. *Lugduni Batavorum*
       1615.
Theodorus Aniem , Hiſtoria ſui temporis, 8. *Argentorati 1609.*
Camerarius de Eccleſia Fratrum in Bohemia & Moravia , 8.
    Heydelb.
Laſitii de Eccleſiaſtica Diſciplina, 8.
Spenceri diſſertatio de Urim & Tumim Deuteronom, 8. *Cantab.*
    1670.
Schedius de Germania, 8. *Amſtel.* 1648.
Seldenus de dis Syris Lipſiæ 1668. double , *Lugduni Batavorum*
    1629.
Reviſion du Concile de Trente , 8. 1600.
Bureau du Concile de Trente, 8. 1586.
Uſſerius de Chriſtianis Eccleſiis in Occidente , 8. *Hanoviæ* 1638.
Durantius de Ritibus Eccleſiæ, 8. *Rome Vatican* 1591. maroquin.
Pſalterium Davidis, Vatabli, 8. *Rob. Eſtienne* 1556. Maroquin.
Uſſerius de Macedoniorum, & Aſianorum anno Solari, 8. *Lond.*
    1648.
Bochart de l'Invocation des Saints , 8. *Saumur 1656.*
Caſſaudri Conſultatio, 8. *Colonia* 1577.
Vocation des Paſteurs, 8. 1618.
Tractatus de Euchariſtia Rotanii adversùs Goularſium , 8. 1608.
Bochart de conciliandis in Religionis officio Proteſtantium ani-
    mis, 8. *Sedani 1606.*
Calvin des Reliques , 8. *Geneve 1599.*
Meſtrezat de l'Ecriture ſainte, 8. *Geneve 1633.*
Meſtrezat de la Communion , 8. *Sedan 1625.*
Saint Auguſtin de la Cité de Dieu, 8. 2. vol. *Paris 1675.*
Salmaſii Epiſtolæ de Cæſarie virorum , *&c. Elzevir 1644.*
Launoy Epiſtolæ, 8. 8. volumes.
Launoy de Scholiis, 8. *Paris 1671.*
Varanii geſta inter Catholicos & Donatiſtas, 8. *Paris 1588.*
Riveti animadverſiones, Hugonis Grotii, 8. 1641.

Grotius

Grotius in confultationem Caffandri, 8. *Londini Batav.* 1642.

Hakspannii notæ Philologico-Theologicæ , 8. 3. vol. *Altorf* 1654.

Facundus Sirmundi 8. *Cramoify* 1628.

Paulini opera, 8. *Plantin* 1661.

Pauli Orofii Hiftoria, 4. *Colonia* 1651.

Auguftinus de Hærefibus, 8. *Vignon* 1576.

Jonæ Schlinctingii opufcula, 8. 1637.

Vochellius de folutione nodi Gordiani cum Gofclavio de Trinitate,

Irenicum Irenicorum, 8. *Racovia* 1613.

Difputatio de Adoratione Chrifti, 8. *Racovia* 1618.

Oftorodius , conceffio fidei , Allemant Rakaw 1604.

Theologie Germanique, 8. *Plantin.*

Durellus Patronus bonæ Fidei contra Hierarchiam *Angleterre*, 1672.

Enluminures de l'Almanach des Jefuiftes.

Nouveau Teftament de Mons , grec , latin , françois , 8. 2. vol. 1673.

Bucanani Pfalmi, 8 *Paris, Eftienne.*

Lettres Provinciales avec les écrits des Curez, 8. *Cologne* 1666.

Montalti litteræ Provinciales , 8. *Colonia* 1658.

Réponfe à l'Office du S. Sacrement, *Paris Lucas* 1665.

Réponfe à la perpetuité de la Foy, *Cellier* 1665.

Réponfe au Livre du P. Noüet, 8. *Amftelodami* 1668.

Cuneus de Republica Hebræorum , 8. *Elzevir* 1617.

Zepperi Explanatio Legum Mofaïcarum, 8. *Herborna-Naffoviorum* 1614.

Anglicæ præces.

Zepperus de Politica Ecclefiaftica, *Herborna* 1595.

Fabula Præadamitarum *Argentorati*, 8. 1656.

Cent dix Confiderations divines de Vald'effau.

Buxtorphi Synagoga Judaïca, 8. *Bafilea* 1661.

Lælius Socinus, in explicatione Joannis Evangelii, manufcrit.

Duarenus, de electione Ecclefiaftica, 8. *Paris Vekel* 1657.

Cent cinquante Pfeaumes de Marot, 8. *Paris le Roy* 1561.

Hiftoria Remenfis Flodoardi, 8. *Duaci* 1517.

Ochini Dialogi, 8. *Bafilea* 1563.

Hottingerri Hiftoria Ecclefiaftica, 8. 5. vol. *Hannovia* 1655.

Catechifme des Jefuites, 8. *Ville-Franche* 1602.
Goldaftus de cultu Imaginum, 8. *Francofurti* 1608.
Scaligeri Elenchus, 8. *Franckera* 1605.
Serrarius de tribus fectis Judæorum, 8. *Moguntia* 1604.
Jerufalem & Rome au fecours de Geneve, 8. *Sedan* 1621.
Hiftoria Tranfubftantationis Papalis, 8. *Londini* 1675.
Sanderfon de obligatione Confcientiæ, 8. *Londini* 1661.
Difcurfus de Polygamia, 8. *Friburgi* 1676.
Jugulum caufæ, 8. *Londini* 1671.
Alexandri Mori notæ ad novum fœdus, 8. *Lond.* 1661.
Confeffio fidei, 8. *Cambridge* 1655.
De Græcæ Ecclefiæ hodierno ftatu Epiftolæ, 8. *Oxonii* 1676.
Illuftrium Chrifti Martyrum Triumphi, 8. *Paris* 1660.
Confideratio Controverfiarum ad regimen Ecclefiæ Anglicæ, 8.
     Londini 1644.
Analecta Hiftorico-Theologica Hottingeri, 8. 1652.
Conformitez des Ceremonies anciennes avec les Modernes, 8.
     1667.
Sancti Auguftini de Prædeftinatione & Gratia, 8. *Cramoify*
     1649.
Lactantii opera Variorum, 8. *Lugduni Bat.* 1660.
Efcobar, de cafibus Confcientiæ, 8. *Lugduni.*
Apologetique de Tertullien, 8. *Camufat* 1636.
Alcoran des Cordeliers, 8. *Geneve* 1560.
Apologie pour les grands hommes accufez de Magie, 8. *la Haye*
     1653.
Taffin de l'eftat de l'Eglife, 8. *Bergue-opfon* 1605.
Apologie d'Herodote, 8. 1579.
Annales Sculteti, 8. *Heydelberg* 1618.
Riveti Criticus facer, 8. *Geneve* 1642.
Difputatio de fuppofito, 8. *Francofurti* 1645.
Anatomie de la Meffe, 8. *Sedan* 1636.
Acta Concilii Tridentini, 8. *per Calvinum* 1547.
Sylva Originum Anacorettarum Midendorpii, 8. *Colonia Agrippina*
     1615.
Saracenica five Moametica, 8. *Silburgii Comelin* 1595.
Pfalmi Davidis, 8.
Boifius de veteris interpretis Evangelii collatione cum Beza, 8.
     Londini 1655.

Bartolus de fcriptis Danorum, 8.
Orbis Teraqui, 8.
Les Jefuites fur l'Echafaut, 8. *Leyde* 1648.
Deffence du nouveau Teftament de Mons, 8. *Cologne* 1668.
Novum Teftamentum Bezæ, 8. *Londini* 1579.
Dallæus de imaginibus, 8. *Elzevir* 1641.
Dallæi Apologia, 8. *Amftelodami* 1652.
Dallæus de jejuniis, 8. *Deventria* 1654.
Dallæus de Pfeudepigraphis Apoftoli, 8. *Hardervick.*
Dictionnaire de Theologie, *Crefpeim* 1560.
Queftion Theologique de Merfenne, 8. *Paris* 1634.
Picus Mirandulanus de Ludificatione Dæmonum, 8. *Argentorati* 1612.
Lini Tractatus de Infeparabilitate, 8. *Londini* 1661.
Valefii Philofophia facra, 8. *Francofurti* 1667.
Pfellius de operatione Dæmonum, 8. *Parifiis, Droüart* 1615.
    Chaudiere 1577.
Blondel de la fincerité des Eglifes Reformées, 8. *Sedan Jeannon* 1619.
Deffences de la Religion Reformée, contre la Ligue d'Angleterre 1650.
Jonftonus de Communione veteris Ecclefiæ, 8.
Recüeil des Cenfures de la Faculté de Paris.
Réponfe au livre du renverfement de la Morale.
La Place, de la Meffe, 8. 2. vol. *Geneve* 1629.
Blondel, de l'Euchariftie, *Quevilly* 1641.
Dumoulin, Examen de la doctrine de Meffieurs Amirault & Teftard.
De la Predeftination, *Amfterdam* 1638.
Saint Auguftin, des Mœurs de l'Eglife, *&c. Paris, Vitré* 1644.
Tombeau de la Meffe, 8. de Rodon, *Geneve* 1654.
Les Canons du Concile de Tolede, 8. 1615.
De la Puiffance paternelle, Ayraut, *Tours* 1603.
De l'union & reconciliation des Eglifes Reformées, Poyrier, *Amfterdam* 1659.
Traité des Conciles de Luther, 8. *Barbier* 1557.
Difcours fur la puiffance temporelle du Pape, Coufu.
Abregé des huit Conciles Generaux, 8. Idem.
Recherches curieufes des Religions, 8. *Brerevode.*

Conſtitutiones Societatis Jeſu, 8. 5. vol. *Anvers Meurſe* 1635.

Semundus de Eccleſiis ſuburbicariis , 8. 2. vol. *Paris , Cramoiſy* 1618. & 1620.

Manaſſes Ben Iſraël de Creatione , *Amſtelodami ,* 1635. de Re-ſurrectione 1636.

Sandius de Origine Animæ, 8. *Coſmopoli* 1671.

Nucleus Hiſtoriæ Eccleſiaſticæ , *Coſmopoli* 1669.

Sandii , Interpretationes paradoxæ Evangeliorum , *Coſmopoli* 1670.

Meſſalinus de Epiſcopis & Preſbyteris , 8. *Lugduni Batavorum* 1641.

Taxa ſanctæ Chancellariæ Romanæ , 8. *Franckera* 1651.

Diverſes pieces pour l'Univerſité, contre les Jeſuiſtes, 4. vol.

Sermons de Boucher, 8. *Paris, Nyvel* 1594.

Mareſii Theologus Paradoxus refutatus , *Voetii Groningue* 1649. & *Blondelli* 8.

Grotius, de Imperio Summarum Poteſtatum circa Sacra , *Paris* 1948.

Junius de Chriſto , Capite Eccleſiæ contra Belarminum , 8. *Ra-phelinge* 1600.

Simplicius Verinus de Tranſubſtantiatione, 8. *Hagiopoli* 1646.

Vedelius de Prudentia veteris Eccleſiæ, 8. *Amſtelodami* 1633.

Conſenſus Eccleſiæ Catholicæ contra Tridentinos , Carletani , 8. *Francofurti* 1613.

Aquilinus de tribus Hiſtoricis Concilii Tridentini, *Amſtelodami* 1662.

Miracula illuſtria Cæſaris Heiſter Bachcenſis , *Antuerpia* 1605.

Statutorum Sacræ Facultatis origo , Fileſacii, 8. *Pariſiis* 1620.

Theophili Eugenii Protocaſtaſis, ſeu prima Societatis Jeſu Inſti-tutio reſtauranda , *&c.* 8. 1642.

Apologia di Galatheo ne la qualo ſi contengonogli principal arti-culi del Chriſtianiſmo, 8. 1541.

Sirmundi Cenſura Anonymi Scriptoris de Suburbicariis Eccleſiis 8. *Paris* 1618.

Ejuſdem adventoria de ſuburbicariis, 8. *witemberga* 1553.

Apologia di Hieronymo Galatheo del Chriſtianiſmo, *Preterin.*

Sauterii Diatriba de Mercatorum officiis , *Lugduni Batavorum* 1605.

Statuta Univerſitatis Oxonienſis, 8. *Oxonia* 1621.

Sanderi

Sanderi fchifma Anglicanum , 8. *Colonia Agrippina* 1585.
Narratio colloquii inter viros delegatos habiti , 8. *Parifiis* 1593.
Theologia Germanica è Germanico tranflata , 8. *Bafilea*
Petavius de Photino hæretico.
Panfa de ofculo & hujus de Chriftiana Philofophia , 8. *Marquegi*
　- 1605.
Legende dorée , 8. *Leyde* 1608.
Seogli del Chriftiano naufragio , 8. 1618.
Petri Molinæi Vates , 8. *Lugdini Batav.* 1640.

THEOLOGIENS ANGLOIS in octavo.

A Guide to heaven prompte word Good Counfel.
　Bafire of facriledge , 8. *London* 1668.
Parker cenfure of Platonik Philofophie , 8. *Oxford* 1667.
Taylor & repentance , 8. *London* 1655.
A difcourfes concernings the knou ledge of Jefus-Chrift, 8. *Lond.*
　1674.
The Whole Duty Ofman, *London* 1661.
Stinlingfleets difcourfes of Idolatry of Rome, *London* 1671.
Judgement of March-bishof of Armach, *London* 1658.
whitbie of Chriftian faith, 8. *Oxford* 1671.
Boyle of feraphick love aud ftyle of the fcriptures, *&c.* 8. *London*
　1661. & 1673.
Tillothon fermons , 8. *London* 1671.
The defign of Chriftianity , 8. *London* 1671.
The lief & Death of the Reverend l'arned Ufcher , 8. *London* 1659.
Reliquiæ Sacræ Charolinæ orthe works , 8. *Hague* 1651.
Gouvernement of churgs by Thorndike , 8. *Cambrige* 1650.
Mores expofition The feven Epitles , 8. *London* 1669.
Roff. παντιϐσία , 8. *London* 1658.
John fmith of old Age , 8. *London* 1666.
Cafaubon of credulity and incredulity , 8. *London* , 1670.
Fiat lux by M. J. V. C. 8. 1662.
Animadverfions on a Fiat Lux , *London* 1662.
M. C. of the Terreftrial Paradife , *London* 1666.
A fermons preached at witehall. 8. *London* 1670.
Philofophicall Effay , 8. *Oxford* 1667.

E

Walton the confiderator confidered upon the Biblia polyglotta, the prolegomene an appendix , 8. *London* 1659.

Owen of the divine originall autority , 8. *Oxford* 1659.

The Exelency of Theology , 8. *London* 1674.

Religio Medici , *London* 1643. & 1659. double.

The pedegrewe of heretiques , 8. *London* 1566.

Patrick of the lords fupper , 8. *London* 1660.

The Rehearfal Tranfprofd , *Lond.* 1673.

The hiftory of the English & Scotch prefbitery , 8. *in Villa franca* 1659.

More divine dialogues , 8. 2. vol. *London* 1668.

Spencer lux Orientalis concernig the Préexiftence of fouls , 8. *London* 1662.

Marais Aurelius Antoninus of his meditations , 8. *Lond.* 1673.

The Lamentions of Germany Vincent , 8. *Lond.* 1639.

The hiftory of the English aud fcotic Prefbitery 8. *in Villa-Franca* 1659.

The prefent ftate of the Jews in Barbary , *London* 1675.

The difcouery of a new world , *London* 1640.

Harington faw Giving , *London* 1659.

THEOLOGIENS in 12. 16. & 24.

LITURGIES ou Prieres publiques , 12. *Londres* 1661.
Perufinus Epitome Baronii , 2. vol. *Paris Alliot* 1636.
Conftitutions du Port-Royal , *Mons* , *Migot* 1665.

Les Imaginaires , 12. 2. vol. 1667.

Lettres Provinciales , *Cologne* 1666.

Sonfonius de Communione veteris Ecclefiæ 1. vol. Jofton , *Elzevir* 1658.

Schemeidem de Jubilæo Romano , 1. vol. *Amftelodami* 1654.

Memorial hiftorique fur les cinq Propofitions , *Cologne* 1664.

Deffenfe de la Religion Catholique de Boffuet.

Marca differtatio , 12. 1664.

Moralle pratique des Jefuiftes , *Cologne* 1669.

Réponfe au livre de Monfieur Boffuet , 12.

Differtation fur les Penfions felon les libertez de l'Eglife Gallicane.

Deffense du Pere Vincent contre Monsieur Abbelly , 12 1668.
Thomas Anglus 12. institutionum Ethicarum , 12. *Londini 1660.*
    Sonus Buccinæ , *Parisiis* 1654..
    Tabulæ suffragiales , 12. *Londini 1655.*
    Animadversiones , 12. *Rothomagi 1660.*
    Institutiones Sacrarum , 12. 1662.
    Institutionum Peripateticarum , 12., *Lugduni 646.*
    In Euclidem , 12. *Londini 1657.*
    De medio Animarum statu , *Parisiis* 1653.
    De Reformandis horis Canonicis consultatio , 1644.
Memorial pour la deffense de l'Evesque du Paraguay , 12. 1662.
Description du Portail des Cordeliers , 12. 1673.
Haymonis Historia Ecclesiastica , 12. *Lugduni Batavorum* 1650.
Religio medici , *Lugduni Batav.* 1644.
Nouvelles lumieres pour le gouvernement de l'Eglise.
Novum Testamentum Græcum Roberti Stephani , 12. 1546. cum
    notis manuscriptis Bungartii.
Vita di Fra Paolo Italien , & en François , 12. 1659.
Curcellii Diatriba , 12. *Amstel.* 1659
Buet, traité de la Predestination.
Il Nuovo Testamento , 12.
Erreurs populaires de Jean d'Espagne.
Patricii Mars Gallicus , 12, 1639.
Novum Testamentum Erasini , 2. vol. 1541.
Concordia Evangelica , *Parisiis , Savreux* 1660.
Psalterium Davidis Græcum , 12. *Lond.* 12.
Grotius de veritate Religionis Christianæ , 12. *Cramoisy* 1640.
Memoire sur la grace , du Pere Thomassin , 3. vol. *Louvain*
    1668.
Stingellius de Reliquiarum cultu , veneratione ac miraculis , 12.
    Ingolstadt 1624.
Præcationes Biblicæ , *Parisiis , apud Martinum Juvenem* 1654.
Richardi Japart Apotheosis , 12.
Epistolaris Diatribe Watson , *Londini* 1661.
Maresii fabulæ contra Preadamitas , 12. *Groninga* 1656.
Des Offices Ecclesiastiques , 12. *Paris , Villery* 1677.
Tractatio de Polygamia , 12. *Deventria* 1651.
Tertulien du Manteau , 12. *Paris* 1665.
Comenii de Irenico Irenicorum admonitio , *Amstelodami* 1631.
De diluvii Universitate dissertatio , *Geneva* 1667.

Fasciculus Epistolarum Latinarum & Gallicarum Molinæi 12. Eleu-
theropoli 1616.
Scochius de nihilo 12.
Theologia mystica, 12. *Blosii*, *Lugd.* 1580.
Ceremonie & coûtume des Juifs 12. *Paris*, *Bilaine* 1674.
Abregé de la doctrine de saint Augustin, 12.
Rabbi Moses de Jejunio, 12.
Religionis Christianæ institutio, 12.
Synopsis locorum Sacræ Scripturæ & Patrum, 12. *Amstelodami*
1650.
Anonymi dissertatio de pace & concordia Ecclesiæ, *Eleutheropoli*
1628.
Joanni Pistorii, Martyrium Benii, *Lugd. Bat.* 1649.
Veritas pacifica, 12. *Amstelodami* 1651.
Apologia Ecclesiæ Anglicanæ, *London* 1681.
Lettre de Dury sur l'Estat de la Religion d'Angletere, *Londres*
1658.
Pythæi responsio ad Preadamitas, 12. *Elzevir* 1656.
Kilperti disquisitio de Preadamitis, *Amstelodami* 1656.
Hornii Arca Noë, 12. *Lugd. Batav.* 1666.
Hornii Historia Ecclesiastica, 1665.
Ejusdem, orbis Imperans, 1668.
Ejusdem, orbis Politicus, 1667.
Disputatio mulieres non esse homines, *Haga-comitis* 1644.
Disputatio de finito & infinito, 12. *Elzevir* 1651.
Heurnius Babylonica, &c. 12. *Lugd. Batav.* 1619.
Tombeau des Controverses, *Amsterdam* 1673.
Novum Testamentum ex Typographia Regia, 1649.
Lettere di Fra Paulo 1673.
Historia di fra Paulo sopra gli Beneficii, *Coloniæ Agripp.* 1675.
L'Evangile nouveau de Palavicin, 12. *Hollande*.
Des restitutions des Grands, du P. de Conty, 12. *Hollande* 1675.
Dissertation sur les Pensions, 12. *Rouen* 1671.
Doctrine de l'Eglise Catholique, Condom, 12. *Paris*, *Cramoisy*
1671.
Réponse à Monsieur l'Evesque Condom, *Quevilly* 1672.
Recüeil de diverses pieces, concernant la censure de la Faculté de
Paris, *Munster* 1676.
Réponse au livre du renversement de la Morale de Jesus-Christ,
Brugier, *Quevilly*, 1673.

Vita

Vita di Sixto V. 2. vol. 12. *Lozanne 1669.*
Il nouvo Teſtamento, *Lyon de Tournes 1656.*
Amirault traitté de la Predeſtination, 12. *Saumur 1634.*
Mathieu, Abregé de l'ancienne doctrine de ſaint Auguſtin contre
    du Moulin, 1665.
Religionis Chriſtianæ brevis Inſtitutio, 12. 1634.
Peyreri Epiſtola de ejuratione ſua Sectæ Calvini & libri de Præ-
    deſtinatione, 12. *Francofurti 1658.*
Epiſtola Paſſavantii, 12.
Synopſis locorum Sacræ Scripturæ & Patrum, 12. *Amſtelodami*
    1650.
Richardi Frappart Apotheoſis, 12.

THEOLOGIENS ANGLOIS in 12. 16. & 24.

BLois Adam in his innocencie, *London* 1628.
Quarles Inſtitutions divine & moral, 16. *Lond.* 1646.
Index Biblicus, 12. *Londini* 1668.
Uſſerius the principales of Chriſtian Religion 12. *Lond.* 1658.
Gentleman the grounds of obedience, *London* 1655.
Private devotions, in 24. *London* 1647.
Oration or declaration of Gregori Nazianzens, 12. *London* 1672.

HISTORIENS in folio.

HISTORIA Byzantina, fol. *du Louvre*, 23. volumes.
Valeſii Hiſtoria Francorum, fol 3. vol. carta magna.
Pauſanias Xilandri, fol. Grec, Latin, *Vekel 1613.*
Dionis Caſſii Hiſtoria Romana, Xilandri fol. Grec. Lat. *Vekel*
    1606.
Polybii Hiſtoria, fol. Gr. Lat. *Vekel 1619.*
Appiannus Alexandrinus, fol. grec, latin, *Henrici Stephani*
    1592.
Herodoti Hiſtoria, fol. grec, latin, *Vekel 1608.*
Joſephi opera, fol. grec, latin, *Geneva 1655.*

Thucydidis Hiftoria, grçc latin, *Vekel* 1594.
Diodorus Siculus, grçc, latin. fol. *Vekel* 1604.
Dionyfius Halicarnaſſæus, fol. *Vekel* 1586.
Arrianus Henrici Stephani de Alexandri vita ejuſdem periplus, *&c.* Lugd. 2. vol. 1577.
Ælianus, grec latin, *Tiguri, Gefner.*
Diogenes Laertius cum notis Aldobrandini, fol. *Roma* 1594.
Xenophontis opera, grec latin. Lorusclavii, *Parifiis Eftienne* 1625.
Suetonius Cafauboni & aliorum, fol. *Parifiis Beys* 1610.
Cornelius Tacitus & Velleius Paterculus cum notis, *Parifiis, le Chevalier* 1608.
Hiftoriæ Romanæ Scriptores, fol. 3. vol. *Hannovia Vekel* 1611.
Commentaria Cæfatis, fol. *Lauzanna* 1571.
Lazius de rebus Græcis, fol. *Hannovia Vekel* 1605.
Titus Livius diverforum, fol. *Francofurti Fifcher* 1612.
Cluverii opera, 4. vol. *Lugduni Batavorum* 1624.
Sigonii opera, 3. vol. *Hannovia apud Marinum* 1604.
Haræi, Annales Brabantiæ, fol. 3. vol. en 2. *Antuerpia Plantin* 1623.
Pauli Jovii opera, fol. 2. vol. *Bafilea apud Pernam* 1578.
Hiftoria augufta Angelonii, fol. *Roma* 1641.
Hiftoria Rerum Mofcovitarum & Hungaricarum, fol. 2. vol. *Hannovia apud Marinum* 1606.
Annales Bojorum Aventini, fol. *Bafilea* 1615.
Britannia Camdeni, fol. *Londini* 1607.
Sleidan, fol. maroquin reglé, *Paris Vignon* 1574.
Helvici theatrum Hiftoricum, fol. *Marpurgi Cattorum* 1629.
Annales Flandriæ Mayeri, *Antuerpia* 1561.
Maufolæum Regum Hungariæ, fol. *Norimberga* 1664.
Cronicon Eufebii Scaligeri, *Commelin* 1606.
Scaliger de Emendatione Temporum, fol. *Geneva* 1629.
Petavius de doctrina Temporum & Uranologia, fol. 3. vol. *Cramoify* 1627. grand papier.
Annales Pighii, 3. vol. maroqnin, *Plantin* 1589.
Hiftoriæ Auguftæ Scriptores Salmafii, fol. *Parifiis* 1620. *la grande Navire.*
Aymonius Monachus, fol. *Parifiis* 1603.
Hiftoriæ Francorum Scriptores, fol. 5 vol. *Cramoify* 1636.
Goldafti opera, 8. vol. fol. & 5. in 4. *Francofurti.*

Hiftoriæ Normanorum Scriptores, fol. *Parifiis* 1619.
Gefta Dei per Francos, fol. 2. vol. en un, *Vekel* 1611.
Hiftoria Thuani, fol. 8. vol. *Geneva.*
Hifpania illuftrata, fol. 5. vol. *Hannovia apud Marnium* 1603.
Crufii Turco-græcia, fol. *Bafilea.*
Poffevini Mofcovia, fol. 1587. *apud Mylium.*
Rerum Anglicarum Scriptores, fol. 2. vol. *Lond.* 1652.
Rerum Anglicarum Camdeni, fol. *Francofurti* 1603;
Rerum Anglicarum Scriptores poft Bedam, fol. *Francofurti Vekel*
   1601.
Hiftoria Anglica weftsmonafterienfis, fol. *Vekel* 1601.
Monafticum Anglicanum, fol. 3. vol. *Londini* 1673.
Matthæus Paris, Londini, 2. vol. fol. *Lond.* 1640.
Balæus de Scriptoribus Anglicis, fol. *Bafilea.*
Rerum Scoticarum Bucananus, fol. *Edemburgi* 1582.
Rerum Scoticarum Boëtius, fol. *Parifiis* 1575.
Eadmerius Seldenus, fol. *Lond.* 1623.
Hiftoria Ecclefiaftica Bedæ, fol. *Londini, Cantabrigia* 1644.
Rerum Bohemicarum Scriptores, fol. *Francofurti Vekel* 1602.
Nobilitas politica & civilis, *Londini* 1608.
Lambardus de prifcis Anglorum, fol. *Cantabrigia* 1644.
Lucii Hiftoria Dalmatiæ, fol. *Blaeu* 1666.
Pontani Hiftoria Danica, fol. *Jeanfon* 1631.
Theatrum Britanniæ, fol. *Peinct.*
Olaus magnus, fol. *Bafilea.*
Bertius in Ptolomæum, fol. *Peinct, Lugd. Batav.* 1618.
Regiæ Majeftatis Scotiæ veteres Leges, &c. fol. *Londini* 1613.
Milthoni deffenfio pro populo Anglicano, fol. *Londini* 1652.
Salmafii deffenfio Regia, fol. *du Louvre* 1649.
Notitia Imperii Romani Panciroli, fol. *Lugduni* 1580.
Grotii Annales, fol. *Blaeu* 1657.
Strada de Bello Belgico, fol. 2. vol. *Roma* 1640.
Rerum Polonicarum Scriptores, fol. *Bafilea.*
Cromerus rerum Polonicarum, fol. *Bafilea.*
Rubeus Rerum Ravennatum, fol. *Venetiis* 1590.
Bizar Hiftoria Genuenfis, fol. *Plantin* 1579.
Mafcardus Freherus Rerum Germanicarum, fol. 2. vol. *Vekel*
   1624.
Ruberus Rerum Germanicarum, 2. vol. en un fol. *Vekel* 1685.
Urftitius Rerum Germanicarum, 4. vol. en 3. fol. *Vekel* 1607.

F ij

Rerum Sicularum Scriptores, fol. *Vechel* 1579.
Alberti Krantzii opera, 2. vol. fol. *Vekel* 1579.
Historia Americæ, fol. 2. vol. 1556.
Historia naturalis Brasiliæ, fol. *Elzevir* 1648.
Kicheri China, fol. *cum figuris*.
Asia nova, fol. *Cramoisy* 1656.
Historia Saracenica, Arabica, Latina, fol. *Elzevir* 1625.
Historiarum Musulmanicarum, fol. *Vekel* 1591.
Orbis Maritimus Maursotti, fol. *Dijon* 1643.
Rosarium Politicum, fol. *Amstelodami* 165.
Ritherursii Genealogia, fol. *Tubinga* 1658.
Historia di Genoa Justiniani, fol. *Genoa* 1537.
Memoires de Commines, fol. *du Louvre* 1649.
Histoire de France par Mezeray, 3. vol. fol.
Histoire Genealogique de sainct Marthe, 2. vol. 1647.
Histoire d'Espagne par Turquet, fol. 2. vol.
Froissart, 2. vol maroquin, *de Paris*.
Monstrelet, fol. 2. vol. *Paris* 1572.
La Popliniere, fol. 2. vol. 1681.
Differend de Boniface VII. & Philippe le Bel, fol. *Cramoisy*
       1657.
Histoire de Charles VII *du Louvre*, fol.
Memoires de Nevers, fol.
Memoires de Ribier, fol. 2. vol.
Memoire de la Roche foucault manuscrit, fol.
Histoire Daubigné, fol. 3. vol. *Maillé* 1616.
Ceremonial de France par Gédefroy, 2. vol. fol.
Recherches de la France par Pasquier, fol. *Sonius* 1611.
Recüeil pour servir a l'Histoire par Duchastelet 1635.
Memoires du Bellay, fol. *Langelier*.
Sommaire de l'Histoire de Vignier, fol.
Histoire de l'Eglise de Vignier.   *de la bonne Edition*
Histoire de Vignier, fol. 3. vol.
Histoire d'Anjou de Bourdigné, Gottique.
Cronique de Belforest, fol. *Dijon* 1573.
Republique de Bodin, fol. grand Papier, *Dupuis* 1586.
Memoires de Pierre Sully, *Rouen*.
Histoire de Navarre par Favin, fol. *Paris Sonius* 1612.
Lettres du Cardinal d'Ossati, fol. *Bouïlleret* 1624.
Histoire de Provence par Nostradamus, fol. *Rigault* 1614.

Histoire

Hiſtoire du Conneſtable de Leſdiguieres, fol. *Rocolet* 1658.
Annales de Bourgogne Paradin , fol. *Lyon Griph* 1566.
Hiſtoire de la Maiſon d'Auvergne de Juſtel, fol *Dupuis* 1645.
Hiſtoire du Duc d'Eſpernon , fol. *Courbé* 1655.
Ambaſſades du Perron , *Eſtienne* 1629.
Alliances de Paradin, fol *de Tournes* 1561.
Hiſtoire du Mareſchal de Guebriant, fol. *Barbin* 1656.
La France metallique , fol. *Rocolet.*
Hiſtoire de Portugal d'Oſorius, fol. *Eſtienne* 1581.
Cronique de Hollande , de Petit, fol. 2. vol. *Dordrek Guillemot*
    1601.
Croniques de Flandres par Sauvage, fol. *Lion , Roüille* 1661.
Meteren des Pays-Bas avec figures, fol. *la Haye* 1618.
Guicciardin des Pays-Bas, fol. *Jeanſon* 1625.
Zuerii obſidio Bredæ , fol. *Comelin* 1640.
Entrée du Duc d'Alençon à Anvers , fol. parchemin. *Anvers*
    Plantin 1582.
Les Lauriers de Naſſau , fol. *Ieanſon* 1612.
Entrée du Prince Palatin , *en Allemand ,* fol.
Hiſtoire Romaine de Coeffeteau , fol. *Cramoiſy* 1623.
Antiquitez de Niſmes , fol. *Roüille* 1666.
Tacito Eſpagnol de Barientos , fol.
Bibliotheque de la Croix du Maine , fol.
Hiſtoria Romanorum Zonaras , fol.
Hiſtoire de la Chancellerie , fol.
Commentaire de Ceſar en Allemand.
Gaſparis Contareni Cardinalis opera , fol. *Pariſiis , Nivelle* 1571.
Olai magni Hiſtoria Gothorum , fol. *Roma* 1554.
Cuſpinianus de viris clariſſimis , *&c.* Wolphangi , fol. *Francofurti.*
Cuſpiniani Auſtria , fol. *Francofurti.*
Petri Martyris Epiſtolæ , fol. *Amſtelodami* 1670.

HISTORIENS ANGLOIS in folio.

THE Hiſtory of Great Britanie by Statyer, fol. *London.*
    The Hiſtory of Great Britanie , fol. *London* 1659.
The Hiſtory Scotland , fol. *London.*
Fullers worth of Engeland , fol. *London* 1662.

Historical collections By John Rushurvort ad anmm 1629.
History of Barbades, fol. *London*.
Cornelio Tacite Anglois, fol. 1604.
The Histoire Marie Stuart, fol. 1614.
The Histoirie of Henry VIII. fol. by the Lord Cerbury, *London* 1649
The holy State By Thomas Fuller, fol. *Cambridge* 1646.
The compleat Ambassador, *London* 1655.
Veever ancient funeral monuments, *&c. London* 1631.
Προεδρία βασιλικη of discours, *London* 1664.
The History of Edoüar IV. *London* 1640. by Geo Buk.
The History of the life and Reigne, of Ruaud, *London* 1647.
The collection of History of Angland, fol. *London* 1634.
Harington Oceana, fol. *London* 1656.
Ricault de l'Empire Ottoman, Anglois, *London* 1668.
Stow suruey of London, *London* 1633.
Malynes lex mercatoria, *London* 1656.
Selden Titles of honor, *London* 1631.
Micographia by R. Hooke, *London* 1665.
Gilbert Burnet the memoires of the lives and actions of james and
    Wiliam Dukes of Hamilton, fol. *London* 1677.

HISTORIENS in quarto.

JULIANI Imperatoris opera Gr. Latin. *Cramoisy* 1630.
Suetonius Torrentii opera, *Plantin* 1591.
Malvezzi sopra Cornelio Tacito, 4. *Venetiis*, 1635.
Gruterus in Tacitum & Onosrandrum, *Comelin* 1604.
Casalius de profanis & sacris Ritibus, 4. *Roma* 1644.
Guillelmus Postel de Nativitate Mediatoris. 4.
Seldenus de Synedyis, 4. 3. vol. *Londini* 1640.
Seldeni mare clausum, 4. *Lugd. Bat.* 1636.
Seldenus de Anno Civili, 4. *Londini* 1644.
Seldeni Analecta, 4. *Francofurti* 1615.
Seldeni marmora Arundeliana, 4. *Londini* 1629.
Seldenus de successionibus, 4. *Londini* 1631.

Eutychii Annales Alexandriæ , 4. 2. vol. *Oxonia* 1638.
Nardini Roma Antica , 4. *Roma* 1665.
Gallus Romæ Hofpes Demontiofii 1585.
Epitome Cluverii , 4. *Lugduni Batav.* 1641.
Cronicum Alexandrinum , 4. *Monachii* 1615.
J. Demetrii Suli Kovii Rerum Polonicarum Commentarius , 4.
 Dantifci 1647
Guillimannus de Rebus Helvetiorum , 4. *Amterni* 1623.
Thomæ Carue Hiftoria Hiberniæ , 4. 1666.
Stanishurftus de Rebus in Hybernia geftis , 4. *Plantin* 1584.
Loyens de Rebus à Ducibus Brabantiæ & Lotharingiæ & Lunen-
 burgi geftis, *Bruxelles* 1672.
Abregé de l'Hiftoire de France de Mezeray , 4. 3. vol. *Ioly* 1668.
Æmianus Marcellinus Valefii, 4. *Parifiis , Camufat* 1636.
Hiftoria Venetiana Doglioni , 4. *Venife* 1598.
Hiftoria d'Italia di Guichardini da Caftiglione Aretino , 4. in
 Venetia Angelieri 1574. Gabrieli gli ultimi, 4. libri di Guicciar-
 dini con le confiderationi di Batifta Leoni, *Venetiis* 1564. *Giolity*
 1583.
Verus de Rebus Venetis, 4. *Patavii* 1638.
Chiffletii Childerici Sepulchrum , 4. *Plantin* 1655.
Hiftoria di Milano del Corio , 4. *Venetiis* 1565.
Mariana de Rege & Regis inftitutione, 4. *Madrid* 1599.
Hiftoria particolare tra Paolo V. & la Republica de Venetia , 4.
 in Mirandola 1624.
Racolta de Scritti di Paulo V. è la Republica Venetia , *in Coira*
 1507.
Hiftoria dell'Inquifitione da R. P. Paolo in Serravalle. 1638.
Vignier , faftes des anciens Hebreux , 4. *Langelier* 1588.
Ferrarius de re veftiaria, 4. *Patavii* 1654.
Ferrarii Analecta de re veftiaria & veterum Lucernis 4. *Patavii*
 1670.
Hornii Hiftoria Philofophica, 4. *Lugd. Batav.* 1655.
Jonfius de rebus Hiftoriæ Philofophicæ , 4. *Francofurti* 1659.
Lempereur de Legibus Hebræorum , *Lugd. Batav.* 1637.
Bayfus de Re Navali , *&c.* 4. *Robert Eftienne* 1536.
Mercurialis de Arte Gymnaftica , 4. *Parifiis , Dupuys* 1577.
Hottingeri Hiftoria Orientalis , 4. *Tiguri* 1651.
Caracteres Ægyptiorum Pignorii , *Francofurti* 1608.
Pignorius de fervis , 4. *Patavii* 1656.

Schickardi jus Regium Hebræorum , 4. *Argentina* 1625.
Ejufdem Tarich Regum Perfiæ , Tubingæ 1 28. & de Menfuris
    Templi de l'Empereur , 4. *Lug. Batav.* 1630.
Sylloge variorum Tractatuum pro innocentia Caroli Regis Angliæ
    1649.
Maleficium Hiftoricum Pezellii , 4. 3. vol. *Francofurti* 1628.
Scriverii Antiquitates Batavicæ , 4. *Elzevir* 1611.
Ejufdem Batavia illuftrata cum Iconibus virorum illuftrium , 4.
    Elzevir 1609.
Waefberghe Gerardus de Montibus , 4. *Bruxelles* 1627.
Res Iflandiæ per Jonam , *Hambourg* 1614.
Specimen Iflandiæ per Jonam , 4. *Amftelodami* 1643.
Tabulæ marmoreæ per Alexandrum Juniorem , 4. *Cramoify*
    16 7.
Chiffletii Vefontio Civitas Imperialis libera , *Lugduni* 1618.
Stockmans de jure devolutionis, 4. *Bruxelles* 1667.
Pithoei mifcellanea , *Cramoify* 1660.
Voffius in Pomponium Melam , 4. *Haga-Comitis* 1658.
Pomponius Mela de fitu Orbis , 4. 1682.
Boxhornii origines Galliarum , 4. *Lugd. Batav.* 1654.
Methodus Bodini , 4. *Parifiis* 1566.
Hiftoire de la ville de Melun, 4. *Paris* 1628.
Rerum Burgundionum Cronicon, *Bafilea* 1575.
Salmafii duæ Infcriptiones veteres , 4. *Parifiis Drouard* 1619.
Grammaye Afia , *Antuerpia* 1604.
Vie du Pleffis-Mornay , 4. *Elzevir* 1647.
Memoires du Pleffis-Mornay , 4. 2. vol. *la Foreft* 1624. & 1625.
Lettres de Dupleffis-Mornay , 4. 2. vol. *Amfterdam* 1652.
Hiftoire de Venife , 4. *Langelier* 1608.
Dupuis de la Majorité des Roys de France , 4. *Paris* 1655.
Du mefme Hiftoire de la condamnation des Templiers , 4. 1654.
Inftructions aux Ambaffadeurs de France pour le Concile de Trente,
    4. *Cramoify* 1654.
Memoires de Dutillet , *Paris* 1618.
Scriptorum Galliæ maledicentiæ, 4. 1635.
Antiquitez Gauloifes de Fauchet , 4. *Geneve* 1611.
Cronique Scandaleufe , 4. 1620.
Commentaires de Pithou fur les libertez de l'Eglife Gallicane , 4.
    Cramoify 1650.
Negociation du Cardinal d'Eft , 4. *Paris* 1650.

Hiftoire

Hiftoire du Cardinal de Joyeufe, 4. *Paris* 1654.
Hiftoire des grands chemins de l'Empire, 4. *Morel* 1622.
Spicilegium Dacherii, 4. 13. vol. *Parifiis* 1665. ufque ad 1677.
Annales fous Henry VIII. Edoüard VI. & Marie, *&c.* 4. *Paris* 1647.
Limneus de Jure publico, 4. 4. vol. *Argentorati* 1645.
Limneus, Capitulationes Imperatorum & Regum Germanicorum, 4. *Argentorati* 1648.
Bulla aurea, 4. *Argentorati* 1662.
Ejufdem notitia Galliæ, 2. vol. 4. *Argentorati* 1655.
Cruffius de Præeminentia, *Bremæ* 1665.
Le Parfait Capitaine, *Paris* 1638.
Memoires du Duc de Rohan, 4. 1646.
Hiftoire delle Guerre Civili di Francia di Davila, 4. *Venife* 1638.
Suetone François par Baudoüin, 4. 1611.
Chronicum Belgicum Locrii, 4. *Atrebati* 1616.
Hiftoire de faint Louys par Mefnard, 4. *Nivelle* 1617.
Hiftoire d'Hongrie par Fumée, 4. *Paris* 1618.
Hiftoire de l'Execution de Cabrieres & Merindol, 4. *Cramoify* 1645.
Recüeil des Affemblées du Parlement 1588. & 1594. 4. *Paris* 1652.
Inventaire de l'Hiftoire de Normandie, 4. *Roüen* 1646.
Statuts de la Ville de Bordeaux, 4. *Millanges à Bordeaux* 1612.
Antiquitez de Paris de Dubreüil avec le fupplément, 4. *Paris* 1612.
Supplementum Antiquitatum Urbis Parifiacæ, ejufdem, *Parifiis* 1614.
Croniques de Pologne, 4. *Paris* 1573.
Papirii Maffoni Annales Franciæ, 4. *Parifiis* 1578.
Opere di Machiavelli, 4. 1550.
Alain Chartier de l'Hiftoire de Charles VII. 4. *Paris* 1617.
Vafconcellus Anachephaleofis Regum Lufitaniæ, 4. *Antuerpiæ*
Hiftoire de Chipre & de Lufignan, *Paris* 1604.
Privilegia nominationum Louvanienfium, *Leodii* 1665.
Coriverius de Geftis Henrici II. 4. *Nivelle* 1584.
Difcours au Roy fur l'établiffement de la Bibliotheque de Fontaine-Bleau par Abel de fainte Marthe 1668.
Priolau de Rebus Gallicis, 4. *Cacopoli* 1665.

Hiſtoire des Ducs de Bourgogne , des Dauphins de Viennois & des Comtes de Valentinois par Duchesne, 4. 2. vol. *Cramoiſy* 1628.

Hiſtoire des Roys , Ducs & Comtes de Bourgogne & d'Arles par les mefines 1619.

Marcus Antoninus de Rebus ſuis , 4. gr. lat. *Cantabrigiæ* 1652.

Meurſii Athenæ Batavæ , 4. *Elzevir* 1625.

Index Thuani , 4. *Geneva* 1634.

Benerovicius de vitæ termino , 4. *Lugd. Batav.* 1636.

Hiſtoire de la maiſon de Medicis , 4. *Paris, Perier* 1564.

Teutcher furſten Stat par Seckendorff, *Francfort*, 1656.

Huſſiſten Krieg durch Zacharium Theobaldum Zu, *witemberg* 1609.

Salmaſius de re militari , 4. *Elzevir* 1657.

Schefferi de Militia Navali veterum , 4. *Vbſaliæ* 1654.

Æliani & Leonis Imp. Tactica Meurſii , 4. *Elzevir* 1613.

Du Choul de la Religion des Anciens Romains , 4. *Lyon, Roüille* 1581.

Guichard des funerailles des Anciens , 4. *Lyon Tournes* 1581.

Jamblicus de myſteriis Ægyptiorum , *Rome* 1556.

Dialogi di Gabriele Simeoni , 4. *Lyon Roüille* 1560.

Memoires de Chiverni , *Paris* 1636.

Diſcours Politiques , 4. 1632.

Le Conſeiller d'Eſtat , 4. *Paris* 1633.

Commerce de la Banque par Clerac, *Bordeaux* 1656.

Tarif de la Doüanne de Lyon , 4. 1655.

Iſole piu famoſé del mundo , 4. *Veniſe* 1571.

Deploratio pacis Germanicæ Pragenſis , 4. *Cramoiſy* 1636.

Proteſtatio Comitis Palatini Ducis Bavariæ, *Londini* 4. 1637.

Epiſtola de Jure Electorali Gentis Palatino-Bavariæ, 4. 1637.

De Balneis , 4. *Allivole Lugd. Bonhomme* 1552.

Kicherus de Eccleſiaſtica & Politica Poteſtate.

Herber Græcorum & Romanorum Religio , & mores 4.

Deffenſes pour les Particuliers qui poſſedent des bois en Normandie 1673.

Réponce a ſaint Germain par Dupleix , 4. *Condon* 1645.

Cyropedie de Xenophon , 4. *Lion Tournes* 1555.

Oraiſon funebre de la Marquiſe d'Autray à Doüay 1610.

L'Admiral de France de la Popeliniere , 4. *Paris* 1584 & 1585.

Revelation des myſteres des Teintures de Bazile Valentin, 4. *Paris* 1646.

Joannes Ferrarius de cultura florum , 4.
Oeuvres de Plutarque , 4. 4. vol. *Paris Buon* 1606.
Vignier de la petite Bretagne , 4. *Paris Perier* 1619.
Histoire d'Artus Duc de Bretagne , 4. *Paris Pacard* 1622.
Description des Guerres d'Angleterre & Hollande depuis 1664.
    jusqu'en 1667. *Amsterdam* 1668.
Recherche du droit du Roy, de Cassan , *Paris* 1634.
De Jure Azilorum Sarpii , *Lugd. Batav.* 1622.
Histoire de la prison de Monsieur le Prince , *Paris* 1651.
Journal du Parlement, 4. 2. vol. *Paris* 1652.
Jugement de tout ce qui a esté imprimé contre le Cardinal Mazarin.
Histoire de Constantinople de Cousin , *Cramoisy* 1670.
Le parfait Mareschal de Soleizel , 4. grand papier *Paris* 1667.
Guicciardini dell'Historia d'Italia , 4. *Venise Giolite* 1564.
Con le consideration di Leoni , 1583.
Ratio constitutæ nuper Angliæ, Scotiæ & Hyberniæ penes Protecto-
    rem & Parlamentum , 4. *Londini* 1654.
Histoire du Siege d'Ostende , de Henry Haestem , 4. *Leyde*
    1615.
Les Tragiques du larcin de Promethée au desert 1616.
Cumberland de Legibus naturæ , 4. *Londini* 1671.
Admonitio ad Ludovicum decimum tertium , 4. *Augustæ Fran-*
    corum 1625.
Chronicon Regum & Principum in quos Britanniæ Imperium
    translatum est à Lilio Britanno , 4. *Francofurti* 1565.
Buchananus de Jure Regio apud Scotos 1579.
Vindiciæ Vacademiarum , 4. *Oxford* 1654.
Inius de Chuttenta veterum , 4. 1637.
Meybomii Mœcenas , 4. *Elzevir* 1618.
Lettres de Monsieur de Foy , 4. *Paris* 1628.
Meybomius de fabrica Triremium , *Amstelodami* 1671.
Sybilla francica , 4. *Vrsellis* 1606.
Theatro de huomini letterati , 4. *Venise* 1647.
Tomasini Elogia , 4. 2. vol. *Pataviæ* 1630. & 1644.
La vie de saint François de Sales , avec figures , 4.
Vita Cardinalis Comendoni , *Cramoisy* 1669.
Vie de Charles du Molin par Brodeau , 4. *Paris* 1654.
Gassendi vita Pyreschi , 4. *Cramoisy* 1641.
Vita del Duca Valentino da Tomaso Tomasi, 4. *in Monte Chiaro*
    1655.

Gaſſendi vita Epicuri, 4. *Pariſiis Guillemot* 1611.
Philoſtrate de la vie d'Apollonius, 4. *de Vigenere* 2. vol.
Vie de la Nouë bras de fer, par Amyrauld , 4. *Leyde* 1661.
Quenſtedt de viris Illuſtribus omnium Ordinum & Facultatum ,
     Vitemberga 1634.
Iamblicus de vita Pythagoræ, 4. *Commelin* 1568.
Vie de Dom Barthelemy des Martyrs, 4. *Paris Petit* 1664.
De la Marre de vita Guillelmi Philandri 1667.
Le vite de Pittori vaſſari, 4. 2. vol. *Florence Giuntes* 1568.
Le vite de Pittori da Baglione, 4. *Roma* 1659.
Le vite de Pittori di Ridolphi , 4. 2. vol. en un , *Veniſe* 1648.
Beze des hommes illuſtres , 4. *Iean de Laon* 1581.
Starovolſci centum Scriptorum Polonicorum Elogia, 4. *Venetiis*
     Zevar 1627.
Salmaſii Epiſtolæ , 4. *Lugd. Ratav.* 1656.
Caſauboni Epiſtolæ , 4. *Magdeburgi* 1656.
Epiſtolæ Eccleſiaſticæ & Theologicæ, 4. *Amſtelodami* 1663.
Tanaquilli fabri Epiſtolæ 2. vol. 4. *Saumur.*

HISTORIENS ANGLOIS in quarto.

SPRAT The Hyſtory of the Royal Society, 4. *London* 1667.
Recueil de divers traitez Anglois , 4.
Knight Englande Looking preſented , Tho the Parliament , 4.
     London 1640.
The negociations, of Thomas Wolſey Cardinal , 4. *London*
Wiliam Prynes of Parliament Royal , 4. *London.* 1643.
Prynes Popish favorite , 4. *London* 1643.
An humble remontrances tho the Parliament, 4. *London* 1640.
Romish poſitions and practiſes for Rebellion , 4. *London* 1605.
And Hiſtoricall diſcourſes, of the uniformity of the Gouvernement
     of Angland.
Harrincton the prerogative, of popular gouvernement , 4. *London*
     1658.
The Arguments of Sir Richard Hutton, 4. *London* 1641.
Leſtranges Apology, 4. *London* 1660.
Leyceſters Common Wealth 4. 1641.
William pringæ of his worckes, 4.

                                                      His

Majeftys Declaracion , *York* 1642.
Relation of the Gouvernement Cloucefter , 4. *London* 1645.
Seldeni the Hiftorie of titles , 4. 1618.
Tho the high and Moft Mighty Empres Elizabeth.
Cabala five fcrinia facra & Ceciliana, 4. 2. vol. *London* 1654.

HISTORIENS in octavo.

BIBLIOTECA Belgica Andreæ, 8. *Louvanii* 1623.
Miræi elogia Belgica, 8. *Anvers* 1602.
Miræi Epifcopatuum notitia, 8. *Plantin* 1613.
Miræus de Collegiis Canonum , 8. *Colonia Agrippina* 1615.
Velleius Paterculus , 8.
Vidman habiti antichi, 8. *Venetiis* 1664.
Bucolceri index Chronologicus, 8. *Francofurti* 1634.
Seringhamus de Anglorum gentis origine, 8. *Cambridge* 1670.
Briffonius de Regio Perfarum Principatu, 8. *Comelin* 1595.
Alftedii thefaurus Chronologicus , 8. *Herborna-Naffoviorum* 1650.
Memoires de la Reine Marguerite, 8. *Paris* 1628.
Epitaphia Urbis Bafileæ , 8. *Bafilea* 1622.
Martyre de la Reine d'Efcoffe, 8. *Edimbourg* 1587.
Naudé de l'Hiftoire de Loüis XI. 8. *Paris* 1630.
Rationarium temporum Petavii, 8. *Paris* 1641.
De Rebus fub aufpiciis Caroli magnæ Britanniæ Regis ac Imperio Montifrofarum Marchionis geftis Commentarius , anno Domini 1647.
Hiftoria motuum Scotiæ, 8. *Dantifci* 1641.
Guthberleti Chronologia, 8. *Amftelodami* 1656.
Inventaire de l'Hiftoire d'Efpagne, de Salazar, 8. *Paris* 1602.
Hiftoire de Loüis III. Duc de Bourbon, 8. *Paris* 1612.
Hiftoire des Vaudois, 8. *Geneve* 1619.
Favin des Officiers de la Couronne, 8. *Paris* 1613.
Elenchus motuum Nupertorum in Anglia, 8. 2. Parties, *Londini* 1660 & 63.
Fulmen Brutum Papæ Sixti V. adverfus Reges Navarræ, &c.
Methodus Bodini, 8. *Paris* 1672.

I

Difcours politique de la Noüe, 8. *Bafle* 1587.

Chronologie des Eftats de Savaranole, 8. *Paris* 1615.

Du grand & loyal devoir des Parifiens envers le Roy 1565. & le Réveil matin des François à Edimbourg 1574.

Memoire de Miraumont, 8. *Paris* 1612.

Pax inita ad Pyrenæos montes, 1659. cum Hiftoria Pacis Petri Axen, 8. *Lipfiæ* 1660. & 1667.

Deliciæ Lufitano-Hifpanicæ Refendii, *Colonia Agripp.* 1613.

Hiftoire Ecclefiaftique de Beze, 8. 3. vol. *Anvers* 1580.

Memoires de Villars, 8. *Lyon Rigaud* 1610.

Parthenie Hiftoire de Chartres, *Paris* 1609.

Commentaires de Mont-Luc, 8. *Paris* 1594.

Hiftoire de l'Academie Françoife de Peliffon, 8 *Paris* 1653.

Hottomanni Franco-Gallia, 8. *Francofurti Vekel* 1586. cum refponfione Matthæi Paris.

Antiquitates Suecogoticæ ejufdem, 8. *Morel* 1575.

Loccenius Olai, hiftorien, 8. 2. vol. *Sueciorum Holmiæ* 1654.

Plantin, Hiftoire des Suiffes, 8. *Geneve* 1666.

Antiquitez des Villes & Chafteaux de Duchefne, 8. *Paris* 1609.

Antiquitez de Paris, 8. *Paris* 1608.

Hiftoire des Troubles de France, 8. *Bafle* 1578.

Camdeni Annales Rerum Anglicarum, 8. *Lugduni Bat.* 1625.

Varæus de Hyberniæ Antiquitatibus, 8. *Londini* 1658.

Inventaire de Serres à reiglets par Saugrain, 8. 3. vol. 1600.

De Jufta Henrici III. abdicatione, 8. *Parifiis, Nivelle* 1589.

De jufta Ecclefiæ Chriftianæ in Reges impios ac hæreticos auctoritate, 8. *Parifii* 1590.

Berofius de Antiquitatibus Italiæ, &c. 8. *Antuerpiæ* 1552.

Oforius de rebus Lufitaniæ, 8. *Colonia* 1597.

Befoldi Hiftoria Conftantinopolitana, 8. *Argentorati* 1634.

Methodus Bodini, 8

Memoires de la troifiéme guerre Civile, 8.

Memoires de la Place, 8. 1565.

Flaccius de tranflatione imperii ad Germanos, *Bafileæ* 1566. & Babemberg.

De Jure Regni & Imperii Romanorum, 8. *Bafileæ.*

Nomina, Cognomina Patriæ & Patrum qui convenerunt ad Concilium Tridentinum.

Memoires de Charles IX. 8. 3. vol. *Medelbourg* 1578.

Memoires de la Ligue, 8. 6. vol. 1590.

Memoires de Villeroy, 8. 4. vol. *Paris 1636.*
Histoire du Temps , 8. 2. vol 1649.
Histoire de Jean le Frere de Laval, 8. *Paris 1575.*
Opere di Bentivoglio , 8. 6. vol. maroquin, *Amstelodami 1648.*
Histoire des Albigeois, par Frere Pierre des Vallées Sernay de Sor-
  bin, 8. *Paris, Chaudiere 1585.*
Histoire des derniers troubles , 8. *Lyon Bonaventure 1596.*
Histoire des cinq Roys, 8. ————————————————
Frisii origo & Historia Belgicorum Tumultuum, 8. *Lugduni Bat.*
  1619.
Legende du Cardinal de Loraine , 8. *Rheims, Pierre Martin* 1579.
Capitula Caroli magni , 8. *Paris* 1588.
Tractatus Pacis Monasteriensis , 8. *Elzevir* 1651.
Ritrato di Roma antica da Trivultio , 8. *Roma* 1627.
De la *Souveraineté* des Rois , d'Amyrault, 8. 1650.
Memoire de la Ville de Dourdan, 8. *Paris, Martin* 1624.
Discours sur le Traité de Prague , 8. *Paris Cramoisy* 1637.
Consideration sur l'Histoire par le Roy, 8. *Paris, Morel* 1568.
La *Statique* ou la *Science* des forces mouvantes, 8. *Paris, Cramoisy*
  1673.
Discours sur la connoissance des Bestes , 8. *Paris , Cramoisy*
  1672.
Speculum Tragicum, 8. *Elzevir* 1605.
Siege de Poitiers , 8. *Paris , Chesneau* 1569.
Thresor des Thresors de la Chambre de Justice, 8.
Guerras civiles de Grenada, 8. *Paris , Villery* 1660.
Pomponatius , de Immortalitate Animæ Sirmundi.
Histoire des Histoires de la Popeliniere, 8. *Paris, Houzé* 1599.
Tertullianus de Pallio , 8. *Lugduni Batavorum, le Maire* 1656.
L'usage des Parties , de Galien, *Lyon , Roüille* 1566. ————————
Le Soldat Suedois , 8. *Geneve , Albert.*
Histoire des singularitez d'Angleterre , 8. *Paris, Ninville* 1667.
Recüeil des Edits de Pacification , 8. *Paris* 1659.
Hyatus Cassani Zypæi, *Antuerpiæ* 1640.
Antymariana, 8. *Paris . Mesayer* 1610.
Chronologie septenaire, 8. 1607.
Barclæi Argenis, 8. *Paris , Buon* 1621.
Histoires des troubles sous Henry III. & IV. 1608. ————————
Lettres de Pasquier , des affaires sous Henry IV. Louys XIII.
  Paris , Alliot 1623.

Mercure François, 8. 25. volumes.
Le contre Aſlaſſin 1612.
Philippiques contre les Bulles, 8. *Tours 1611.*
Le Maheutre & le Manant, 8. 1593.
Examen de la liberté de Veniſe, 8. *Ratisbonne* 1677.
Remonſtrances à Henry III. 8. 1588.
Cabinet du Roy, 8. 1581.
Fromenteau ſecret des Finances, 1581.
La honte de Babylone.
Blondellus de Joanna Papiſſa, 8. *Blaeu* 1658.
Molani, Militia Sacra Ducum & Principum Brabantiæ, 8. *Louvii Plantin* 1592.
Tractatus de modo generali Concilii celebrandi, 8. *Pariſiis, le Prouſt* 1645.
Budée de Republica Anglorum, 8. *Londini.*
Procez du Roy d'Angleterre, 8. *Londres* 1650.
De Launoy ad reſponſionem de duobus Dionyſiis, 8. *Pariſiis* 1642.
Miræi origines Cænobiorum, 8. *Anvers* 1607.
Quintus Curtius Freinshemii, 8. *Argentorati,* 1639.
Chronicon Curionis, 8. 2. vol. *Lugduni, Santandreanum* 1576.
Grotius de jure belli & pacis. *Amſtelodami* 1642.
Nicolai Machiavelli vindiciæ contra tyrannos, 8. *Montisbelgardi* 1599.
Recüeil de l'Hiſtoire de France de 1547. juſqu'en 1589.
Le Threſor des Threſors de France, volé par les Officiers des Finances 1615.
Traduction de Velleius Paterculus de Doujat, 8. *Paris* 1672.
Saluſte, *Anvers, Plantin* 1564.
Simlerus de rebus Helvetiorum, 8. *Paris* 1577.
De libertate Eccleſiaſtica. de Controverſia Pauli V. & Reipublicæ Venetæ & la honte de Babylone 1607. & 1612.
Ducheſne, Biblioteque des Auteurs de l'Hiſtoire de France, 8. *Paris* 1627.
Cottoni Poſthuma, *Londini* 1651.
Vita ſancti Romani Epiſcopi Rothomagenſis, Rigaltii, 8. *Pariſiis* 1609.
Malchus de vita Pythagoræ, Heinſii, 8. *Alſtorſii* 1610.
Bartholomæus de Scriptis Danorum, 8. *Thaſinia* 1666.
Barnlet Balæus de vitis Pontificum, 8. *Lugduni Batav.* 1615.

Porphyrius

Porphyrius de vita Pythagoræ, *Roma Vatican.* 1630.
Adami Vitæ Philofophorum , Theologorum Germanorum , 8. 5. vol. *Heydelberga* 1620.
Vitæ Illuftrium Medicorum Caftelani , 8. *Antuerpiæ Griph* 1618.
Petri Caftellani vita Baluzii , 1674.
Papirii Maffonis Elogia, 8. 2. vol. *Parifiis* 1638.
Ejufdem Elogia Ducum Subaudiæ 1619.
Hezichius de vitis Philofophorum, 8. *Antuerpiæ,* Plantin 1572.
Eunapius de vitis Philofophorum, 8. *Antuerpiæ Plantin* 1568.
Elogia Ducum Sabaudiæ , 8. *Papirii Maffonis.*
Kircherus, Vita Landtgraviffæ Heffiæ, 8.
Vie des Poëtes Provençaux , 8. Italien , François , *Lyon, Marfeille* 1675.
Elogia Sarmatani, 8. *Auguftoriti Pictonum* 1602.
Melancthonis Vita, Camerarii , 8. *Lipfia* 1666.
Vie de Louys XIII. 8. de Moüillet Chappelain 1613.
Kirkherus Superioris Ævi Heroum &c. curricula, 8. *Marpurgi* 1610.
Jofephi Scaligeri Epiftolæ, 8. *Elzevir* 1627.
Grinei Epiftolæ Sculteti , *Offembach* 1612.
Briofii Epiftolæ , 8. *Cadomi* 1670.
Annæ Mariæ à Schurman Epiftolæ, & opufcula, 8. *Elzevir* 1650.
Petri de Vineis Epiftolæ, 8. *Bafilea.*
Baudii Poëmata , Epiftolæ & Orationes , 2. vol. 1616. & 1636. *Hollande.*
Baudii Poemeta & Epiftolæ, 8. 2. vol. *Lugduni Batav.* 1636.
Goldafti Epiftolarum centuriæ, 8. *Francofurti* 1610.
Epiftre à Scaliger en François, 8. *Harderwik* 1624.
Sarravii Epiftolæ , 8. *Roterodami* 1624.
Gabemæ Epiftolæ , 8. *Harlingua* 1664.
Zuichemii Epiftolæ, 8. *Leoardia* 1661.
Chitræi Epiftolæ, 8. *Hannovia Vekel* 1614.
Illuftrium virorum Epiftolæ, 8. *Elzevir* 1617.
Calvini Epiftolæ , 8. *Hannovia* 1597.
Bufbequii Epiftolæ, 8. 2. vol. *Parifiis,* Plantin 1595. **Louvanii** 1630.
Paffavantii Epiftolæ, 8.
Fulgotii facta & dicta memorabilia Gaillardi , *Parifiis, Cavellat* 1578.

Clenardi Epiftolæ , 8. 2. vol. *Plantin Antuerpiæ* 1566. *Hannoviæ Vekel* 1606.
Simplicii Verini Epiftolæ , 8. *Agiopoli* 1646.
Bezæ Epiftolæ , 8. *Geneve , Vignon* 1573.
Ifaaci Caufaboni ad Epiftolam , 8. *Cardinalis Perronii , Londini* 1612.
Cafauboni Epiftolæ , 8.

HISTORIENS ANGLOIS in octavo.

TEMPLES obfervations upon the united Provinces, 8. double *London* 1673.
A reftitution of decayed intelligence in Antiquities , 8. *London* 1655.
Boifle hydroftatical paradoxs, *Oxford* 1666.
Mornachy Afferted, 8. *London* 1660.
Philipots of Heraldry, 8. *London* 1672.
England Black Tribunall, *London* 1660.
A caveat Tho the Civaliers , 8. *London* 1667.
Carrington the life of Oliver Cromwel, 8. *London* 1659.
Heath flagellum or the life and Death birth and Burial of Cromwel, 8. *London* 1663.
A Brief Chronicle of England, Scottand & Ireland , 8. *London* 1663.
A Catalogue of the Duves, Marques, *&c.* 8 *London* 1642.
A New Catalogue of the Dukes Marqueffes of England , *&c.* 8. *London* 1658.
A Short View of the life and Reign of King Charles II. 8. *London* 16.8.
The ancient method of holding of Parliaments in England, *Lond.* 1660.
Finett obfervation of forren Ambaffadors, *London* 1656.
Mun England Treafure by forraing Trade, 8. *Lond.* 1664.
  Item carter of commerce Malynes , 8. *London* 1623.
Monarchy afferted upon Iaringtons Oceana , 8. *Oxford* 1659.

HISTORIENS in 12. 16. & 24.

BIBLIOTHECA Chronologica du Père Labbe, 12.
Alexandri Mori, fides publica, 12. *Haga Comitum* 1654.
    Ejusdem clamor sanguinis Regii ad cœlum.
Regni Poloniæ jus publicum, 12. 1676.
Historia degli usccohii fra Paolo, 12. *Venise* 1676.
Fæcialis Germanicus, 12. *Amstelodami* 1662.
Chronologie du P. Labbe, 12. 5. vol. *Paris* 1666. ————————6
Abregé de l'Histoire de France, de Maroles, *Paris* 1673.
Tableau Chronologique du P. Labbe, 12. *Paris* 1652.
Histoire de France du P. Labbe, 12. *Paris*, *Haynaut* 1657.
Sleidanus de quatuor Monarchiis, 12. *Elzevir* 1624.
Loccinius de Jure maritimo, 12. *Olmiæ* 1652.
Relation de la Cour de Rome, *Leyde* 1663.
Journal du Cardinal de Richelieu 1650.
Institutio Juris Anglicani, 12. *Oxoniæ* 1664.
Histoire de Portugal, 12. *Galardi*, *Liege* 1670.
Speculum Conciliorum Hispanicorum 12. *Lugduni* 1617.
De statu Imperii Germanici, 12. *Monzanbano*, *Geneva* 1667.
Motuum Britannicorum, 12. *Oxford* 1647.
Negociations du Président Jannin, 12. 2. vol. *Holl.* 1659.
Coup d'Estat du Naudé, *Hollande*, 12. 1667.
Milthonis deffensio pro populo Anglicano, 12. *Londini* 1654.
Milthonis deffensio secunda, 12. *Londini* 1654.
Zugleri circa Regicidium Anglorum exercitationes, 12. *Lugdun*
    Batav. 1653.
Schokchii, Belgium fœderatum, 12. *Amstelodami* 1652.
Apologia contra Milthonem, *Antuerpiæ* 1651.
Phillippi Angli responsio ad Apologiam pro Rege & Populo An-
    glicano, *Londini* 1652.
Les droits de la Reyne, 12. *Paris* 1667.
Remarque sur les droits de la Reyne, *Cramoisy* 1667.
Seldenus mare clausum, 12. *Londini* 1636.
Memoires & institutions pour les Negociations, 12. *Cramoisy*
    1665.

Revolutions de Naples par Modene, 12. 3. vol. *Paris* 1665.
Apologie contre la Reyne d'Escoffe, 12. 1588. Françoife & Angl.
Dits memorables des grands hommes, 12. 1565.
Cabinet de Louys XI. 12. *Paris* 1661.
Hiftoire de la Paix de 1659. *Cologne* 1667.
Memoires du Prince de Condé , 1564.
Recüeil des Traitez de Confederation, *Hollande* 1672.
Traité du Blafon par la Roque, *Cramoify* 1673.
Privileges des Secretaires du Roy, *Paris, Petit* 1672.
Abregé de la vie de Charles I. Roy d'Angleterre , *Paris* 1664.
Bucelini Hiftoria univerfalis , 12. *Augufta Vindelicorum* 1658.
Suetonius ex Typographia Regia.
La vie de Ruiter, 12 *Amftelodami* 1677.
Bucanani de Jure Regni , *Scotos, Eidemberga* 1580.
Colonii Amiraldi Franciæ vita.
Camerarii Roma capta 1575.
Campanella de Monarchia Hifpanica, 16. *Elzevir* 1641.
Funeri Geographia, 16. *Parifiis* 1641.
Hiftoire de faint Louys par Joinville 1596.
Conclave d'Alexandre VII. 1664.
Memoire de Madame la Duchcffe de Mazarin , 12. *Cologne* 1675.
Memoire de la Princeffe Colonna, *Colog.* 1677.
Conjuration du Comte de Fiefque, 12. *Paris* 1665.
Recüeil de diverfes pieces curieufes, 12. *Cologne* 1666.
Memoire d'un favory du Duc d'Orleans , *Leyde* 1668.
La Politique de France, 12. *Vireck* 1670.
Les amours d'Henry IV. 12. *Leyde* 1665.
Les Memoires de Montrefor, *Cologne* 1664. & 1665.
Memoires de Baffompierre 12. 2. vol. *Cologne* 1665.
Ambaffade de Baffompierre, 2. vol. 1668.
Memoires de Monfieur de la Roche-Foucault, *Cologne* 1664.
Hiftoire de Henry IV. par Rodez, *Elzevir* 1661.
Hiftoire de la Paix avec les Lettres de Courtin, *Cologne* 1665.
Memoires de Brantofme , 12. 8. vol. 1666.
Memoires de Lyonne, 12. 1668.
Rabelais d'Hollande, 2. vol. 1663.
Journal d'Henry III. *Cologne* 1663.
Hiftoire amoureufe des Gaules, 1666.
Diverfes pieces pour fervir à l'Hiftoire, 1664.
Hiftoire de Charles-Quint, *Bruxelles* 1663.

Thuanus

Thuanus reſtitutus, *Amſtelodami 1663.*
Maximes importantes pour l'education du Roy , *Paris 1653.*
Bouclier d'Eſtat & de Juſtice, 1667.
La Verité deffenduë ou ſuite du Bouclier d'Eſtat, 2. vol. 1668.
Maximes & intereſts des Princes , 1665.
L'A. B. C. du Monde de Duval, 12. *Paris 1659.*
Rabelais tome 1. & 2.
Euphormion de Barclay, *Lond.* 1624.
L'humo che par la poco , 12. *in Bolonia 1646.*
Opere di Malvezzi, 12.
Palingini Zodiacus vitæ, 12. *Baſilea* 1543.
Raymundi Lullii codicillus, 12. *Colonia 1563.*
Clement Marot de Tournes , 12. 1589.
Maruli & Joannis Secundi Poëmata , 12. *Pariſiis , Dupuis* 1561.
Anglicii oratio Julium Cæſarem fuiſſe Tyrannum , *Deventria* 1664.
Scheli libertas publica , 12. *Amſtelodami* 1666.
Apologia de Principiis Juſti & Decori, 12. *Elzevir 1651.*
Catholicon d'Eſpagne, 1599.
Eloquentia Goudæ , 1554.
Oeuvres de Rabelais, 12. *Lyon , Martin* 1599.
Collomeſii opuſcula, *Cramoiſy 1666.*
Prima Scaligeriana, *Groninga* 1669.
Les Poëtes Grecs de le Févre, *Saumur* 1664.
Peronniana, 12. *Colonia Agrippina* 1669.
Vie d'Ariſtippe par le Févre, 12. *Paris, Jolly 1668.*
Dialogi de Nicolo Franco, 12. *Jolly Veniſe* 1545.
Lemnici hiſtoriæ, 12. *Hardervuik* 1645.
Enchyridion Contavingii, 12.
La verita Eſſaminata al favor del populo di Genoa, 1628.
Petits memoires de la Ligue , 3. vol. 1565. *Straſbourg 1666.*
    & 1668.
La veritable Religion des Hollandois , 12. *Amſterdam* 1675.
Memoires touchant les Ambaſſadeurs , 12. *Cologne* 1676.
Capellus de reſtitutione Duçis Mediolanenſium , 12. *Pariſiis* 1538.
Europa Geloſa, 12. 2. vol. *Colonia* 1671.
Secreti di ſtato di Principi, 12. 2. vol. *Bologne* 1671.
Anticotton, 1610.

Divorcio celefte, 12. *in Villa-Franca 1643.*
Il Corriero fualigiato, 12. *Ibidem 1644.*
Il Maeftro di Camera, 12. *in Firenze 1621.*
Alphonfi de Vargas Stratagemata Jefuiftica Politica ad Reges,
    1641.
Jufta ftatera de Porporati, 12. *Geneve 1650.*
Ciceron des Orateurs Illuftres, 12. *Courbé 1652.*
Hakuvel modus tenendi Parlamentum, 12. *Londini 1660.*
Baconi Hiftoria Henrici feptimi, 12. *Lugd. Batav. 1642.*
Tariffe & concordance des poids, valeur & nombre des Mar-
    chands en plufieurs Provinces, 12. *Lyon, Pefnot 1571.*
Hiftoire des Comtes de Hollande, 12. *Paris, Piget 1666.*
La liberté de Portugal, 12. 1541.
Procez de Monfieur Fouquet, 12. 15. vol. *Paris 1671.*
Lazari Soranzi Ottomannus de rebus Turcicis, 12. *Hollande*
    1660.
Codicille de Louys XIII. 12.
Vie du P. Paul François, 12. 1665.
Vie de Pie cinquiéme, 12. *Paris 1672.*
Vita di Sixto V. 2. vol. *Lauzanna 1669.*
Peyreri Epiftolæ, *12.*
Principum & Illuftrium virorum Epiftolæ, 12. *Amftelodami*
    1644.
Politiani Epiftolæ, 12. *Amftelodami 1644.*
Teftimonium Flavianum, 12. *Maniberga 1661.*
Magnenius de vita Democriti, 12. *Lugd. Batav. 1648.*
Bongarrii Epiftolæ, 12. *Argentorati*, 1660. double, *Elzevir*
    1647.
Epiftres de Bongars en François, *Paris Petit 1668.* vol. 2.
Grotii Poëmata & Epiftolæ, 12. *Lugd. Bat. 1639.*
Henfii Orationes, *Elzevir 1642.*
Grotii Epiftolæ ad Gallos, 12. *Elzevir 1640.*
Les Epiftres d'Eftienne Pafquier, 12. *Arras 1598.*
Languetti Epiftolæ, 12. *Elzevir 1646.*
Plinii Epiftolæ, Alde, 12. *Venife 1508.*
Voffius de Studiis, 12. *Vtrek 1658.*
Refpublica Hollandiæ in 24. *Lugd. Batav. 1630.*

HISTORIENS ANGLOIS in 12. 16. & 24.

Reliquiæ Woftomianæ, 12.
Hobbs de Corpore politico, 12.
The perfect Politician, of Cromwel, 12. *London 1650.*
Englands Elizabeth fir life, 12. *Lond. 1631.*
Adnimaverfions upon Brackers, Cronicle, 12. *Oxonia 1672.*
The Hiftories of Henry III. & IV. 12. *London 1642.*
The Common Wehalth of England, 12. *London 1640.*
Howard the life and Reign of King Edwart the Sixth, 12. *Lond. 1636.*
The Court and caracter of King James, 12. *London 1650.*
Theuvorks of Lauvyer Jenkins prifoner in neuvgate upon divers
 Status, *Lond.* 1648.
Seldenus Hiftoria of titles, 12.
Caufin hiftory of the Canon, 12.
Churgh Hærefiography.
Jus figilli or the law of England in *16. London 1673.*

VOYAGES in folio.

Viagi del Ramufio, fol. 3. vol. *Venife, Iuntes 1613.*
Voyage du fieur Acarrette, fol.
Voyage de Thevenot, fol. 3. vol. *Paris 1663. 64. & 66.*
Relation de l'Empire des Abyffins, fol. *Cramoify 1673.*
Hiftoire du nouveau Monde, par Laet, fol. *Leyde 1640.*
Hiftoire de l'Empire de Mexique, fol. *Gages, Paris.*
Olearius, Allemand, fol. 2. vol. *Schlewik 1656 & 58.*
Hiftoria America de Bry, fol. 2. vol. *Francofurti, wekel 1591.*
Voyage de Linfchot, fol. *Amfterdam 1638.*
Morifoti Orbis Maritimus, *Divione 1643.*
Hiftoire de Barbarie de Dan, fol. *Paris 1649.*
Afiæ nova defcriptio, fol. *Cramoify 1656.*
Ambaffade des Hollandois à la Chine, fol. *Leyde 1665.*
Kirkeri China, fol. *Amfterdam 1667.*
Hiftoria naturalis Brafiliæ, fol. *Lugduni Batav. 1648.*

VOYAGES ANGLOIS in fol.

PUrchas, fol. 5. vol. *London.*
And continuation by Alex. Roff.
Walter Raleich the Hiftorie of the World, fol. 2. vol. *London*
     1652.
Knolles hiftory of Turky, fol. 1638.
Browne Enquiries in the Common errors, fol. *London* 1650.

VOYAGES in quarto.

LE Voiage d'Efpagne de faint Maurice, 4. grand papier,
     Paris, Ninville 1666.
     Voiage d'Olearius par Wuqueford, 4. *Paris* 1659.
Voiage de Champlain, *Paris* 1632.
Voiage de Monconys, *Lyon* 1665. 1666. 3. parties en un volume.
Voiage de la Reine de Pologne, *Paris* 1648.
Voiage du Levant par Monfieur Thevenot, 4. *Paris* 1654.
Voiage du Levant du Loir, 4. *Paris* 1654.
Voiages de la Boullaye, 4. *Paris* 1653.
Voiage du fieur de Breves, &c. maroquin, *Paris* 1628.
Voiage du P. de Rhodés, 4. *Cramoify* 1666.
Voiage avantureux du Capitaine Alphonfe, *Poitiers, Manef.*
Voiage de Pinto, 4. *Paris* 1645.
Voiage d'Orient en Allemand, 4. *Francofurti* 1582.
Voiage de le Blanc, 4. *Paris* 1648.
Voiage de Schouten, 4. *Amfterdam* 1618.
Petit voiage de Mofcovie, 4. *Paris* 1656.
Relatione di Bottero, 4. *Venife* 1640.
Relations de Madagafcar & du Brefil, 4. *Paris* 1651.
Relation touchant l'établiffement de la Compagnie Françoife des
     Indes Orientalles , 4. *Cramoify* 1666.
Relation de Tunchin & de Lao, *Paris, Clouzier* 1666.
                                        Defcription

Defcription de l'Ukraine, 4. *Beauplan*, *Roüen* 1660.
Obfervations de Bellon, 4. *Paris, Cavellat* 1555.
Hiftoria dello ftato prefente dell Imperio Ottomanno da Belli, 4. *Venife* 1672.
Hiftoria Tunchinenfis per Alexandrum de Rhodes, 4. *Lugduni* 1652.
Hiftoire de l'Empire Ottoman, Briot, 4. *Cramoify* 1670.
Hiftoire du grand Mogol, de Bernier, 4. vol. *Paris, Barbin* 1670.
Hiftoire des Antilles par du Tertre, 4. 2. vol. *Iolly* 1667.
Hiftoire Naturelle & Morale des Antilles, par Rochefort, 4. *Roterdam* 1665.
Hiftoire des Yncas, *Courbé* 1633.
Hiftoire des Guerres Civiles des Efpagnols dans le Perou, 4. 2. vol. *Paris* 1658. *parus fin*
Hiftoire de l'Ifle de Madagafcar, Flacourt, 4. *Paris* 1658.
Hiftoires des Califes & de Tamerlan par Vattier, 4. *Paris* 1658.
Hiftoire de Rheims de Bergier, 4. *Rheims* 1655.
Hiftoire des Indes Orientales par de Pure, 4. *Paris, Ninville* 1665.
Itinerarium Hierofolymitanum per Cotonicum, 4. *Antuerpia* 1619.
L'Alcoran de Mahomet, Durier, 4. *Paris* 1647.
Speculum Orientalis Occidentalifque Indiæ navigationum per Spilbergen & le Maire ab anno 1614. ad annum 1618. & 1619.
Le Commerce honorable, 4. *Nantes* 1646.
Confolato del Mare, 4. *Venife* 1674.
Us & coûtumes de la mer, 4. *Bordeaux, Millanges* 1661.
Trigaltius, expeditio Chriftianorum apud Sinas, 4. *Augufta Vind.* 1615.
Abul Phäragius de Moribus Arabum per Pocockium, 4. *Oxonia* 1650.
Les trois Mondes de la Popeliniere, 4.
Botterus de Urbibus, 4. *Helmftadt* 1665.
Geographia Nubienfis, 4. *Parifiis* 1619.
La Terre fainte du Pere Roger, 4. *Paris* 1646.
Narratio Regionum Indicarum per Hifpanos devaftatarum, 4. *Francofurti* 1598.
Plans & profils des Villes de France, de Taffin, 4. 2. volumes, maroquin, *Tavernier* 1634.
Beautez de la Perfe, 4. *Paris* 1673.

Gylii Topographia Conſtantinopolitana, 4. *Lugd. apud Rouillum*
1561.
De vera Typographiæ origine, Mantel, 4. *Paris* 1650.
Hiſtoire de la Chine, Coulon , 4. *Cramoiſy* 1645.
Poſtel de la Republique des Turcs , 4. *Poitiers , Marnef.*
L'Affrique de Marmol, 4. 3. vol.
Tableau de la Suiſſe par l'Eſcarbot, *Paris* 1618.

VOYAGES ANGLOIS. in quarto.

A Perfect deſcription of Virginie, 4. *London* 1649.
Hawkins the obſervations in his voiage in tho. the South
ſea, 4. *London* 1622.
Virgo triumphans or virginia by Gem, 4. *Lond.* 1650.
Thomæ Lechfords new England, *London* 1642. & 1643.
Trawels by Edoward Brown , *London* 1673.

VOYAGES in octavo.

Voyage du Breſil de Leri, 8. *Geneve* 1611.
Voiage de Pyrart, 8. 2. vol. *Paris* 1615.
Voiage de Schouten, *Paris, Gobert* 1618.
Voiage de l'Affrique de Razilly, 8. *Paris, Traboüillet* 1631.
Voiage des Indes Occidentalles, par Copier, 8. *Lyon, Huguetan*
1645.
Voiage de Berite, 8. *Paris* 1666.
Sargard, Voiage des Hurons , 8. *Paris, Denis Moreau* 1632.
Relations du Groenland, 8. *Paris* 1647.
Relation d'un voiage aux Indes Orientales , *Paris Villery* 1645.
Relation de l'Iſlande, 8. *Paris, Jolly* 1663.
Relations d'Æthyopie , *Paris, Cramoiſy* 1629.
Agricola de Bello adversùs Turcam Roſini , 8. *Lypſia* 1594.
Deſcriptione di Neapoli, &c. *da Gioſeppe , Mormile in Neapoli*
1625.
Gouvernement de Rome de ſaint Martin l'an 1659.

Grafferri Itinerarium, 8. *Basileæ Konig* 1624. & Douzæ iter Con-
ftantinopolitanum cum Palæſtina Bonaventuræ Bofquieri,
Coloniæ Agrippinæ, 1624.
Hiſtoire de la nouvelle France de l'Efcarbot, 8. *Paris* 1618.
Hiſtoire des Indes, de la Cofte, 8. *Paris* 1617. ——————
Hiſtoire de la Chine de Trigault, 8. *Paris, le Mur* 1618.
Hiſtoire des Indes Occidentalles, *Paris, Sonius* 1584.
Hiſtoire de la découverte des Canaries, *Paris, Soly* 1630.
Hiſtoria Navalis, antiqua & media, Rivii, 8. 2. vol. *Londini* 1633.
& 1640.
Heidmani Paleſtina, 8. *Helmſtadt* 1639.
Hottingerus, Hiſtoria Orientalis 8. *Heidelbergæ* 1662.
Itinerarium Benjamini Tudelenfis, *Antuerpiæ, Plantin* 1575. cum
Douzæ itinere Conſtantinopolitano, Raphelinge 1509. &
Bufbequii, *Plantin* 1582.
Itinerarium Benjamini de l'Empereur, 8. *Elzevir* 1633.
Itinerarium Antonini Orthelii, 8. *Coloniæ Agrippinæ* 1600.
Laët notæ ad diſſertationes Grotii de origine Gentium America-
narum, *Elzevir* 1643.
Martinus Martini de Sinica Hiſtoria, 8. *Amſtelodami* 1659.
Martinius Martinus de Bello Tartarico, 8. *Plantin* 1654.
Mercurius Italicus, 8. Joannis Phlanmerin, *Auguſtæ Vindelicorum*
1625.
Ogerrii iter Danicum, Suevicum, Polonicum, 8. *Parifiis, Petit*
1656.
Sprizelii Elevatio Revelationis Monteziniænæ de repertis in
America Tribubus à Manaſſe Ben Ifraël, *Buxtorphi Bafileæ*
1661.
Varenii defcriptio Regni Saponiæ & Siam, *Cambrigæ* 1673.
Wendelini admiranda Nili, 8. *Francofurti Vekel* 1623.

VOYAGES ANGLOIS in octavo.

A DDISON Weſt Barbary, 8. *Oxford* 1671.
A Declaration of the Demeanor and Cariage, of fir Walter
Raleich, 8. *London* 1618.
A defcription of the Grand Seignours Seraglio, 8. *London* 1653.
Blome Jamaica, 8. *London* 1672.

Gaillards the prefent ftate of the Princes, and Republices of Italy, London 1668.
Gem America or exat defcription of the Weft Indus, 8. 1665.
Greaves Pyramdographia, 8. *London* 1646.
Relacion of the River Nile, 8. *London* 1669.
Richard Laffels, Voiage Italy, *Paris* 1670.
Marows Hiftorie by Walter Rawleik, *London* 1650.
The prefent ftate of Ruffia, 8. *London* 1671.
The Ruffian Impoftor, 8. *London* 1674.

VOYAGES in douze.

VOYAGE du Prince de Condé, 12. *Lyon* 1635.
Voiage de Monfieur de la Haye en Danemark, 12. *Paris* 1664.
Voiage du Levant de Fermanelle, *Roüen* 1664.
Voiage des païs Septentrionaux, de la Martiniere, 12. *Paris* 1671.
Voiage d'Efpagne, *Cologne*, 1666.
Voiage d'Italie traduit d'Anglois, 12. 2. vol. *Paris* 1671.
Relation d'un voiage d'Efpagne, 12. *Paris, Barbin* 1664.
Relation d'un voiage fait en Flandre, Michel faint Martin, 12. Caën, 1667.
Relation Hiftorique de Madere, 12. *Paris* 1671.
Relation d'un voiage vers le Roy Taffilette par Frejus, *Paris* 1670.
Relation du Nauffrage d'un vaiffeau Hollandois fur la Cofte de Quelpaerts, *Paris* 1671.
Relation nouvelle du Levant, 12. *Lyon* 1661.
Relation de l'Ifle de Tabago, 12. *Paris* 1666.
Hiftoire de Barbarie, 12. *Paris, Rocolet* 1649.
Hiftoire de l'Amerique de Denis, 12. 2. vol. *Paris, Barbin* 1672.
Hiftoire Africaine, Avogardo, 12. 1666.
Hiftoire Orientale par Poftel, 12. *Paris, Marneff* 1575.
Hiftoire de la Religion dés Benjans, 12. *Paris* 1667.
Hiftoire de deux Turcs & d'un Juif 12, *Paris* 1673.

Hiftoire

Hiſtoire de la Guerre des Coſaques, 12. *Paris Barbin 1663.*
Hiſtoire des *Singularitez* d'Angleterre, 12 *Paris 1667.*
Hiſtoire naturelle d'Irlande, 12. *Paris 1666.*
Hiſtoire de l'Amerique de Denys, 12. 2. vol. *Paris, Barbin* 1672.
Admiranda Sinæ & Europæ, 12. *Francofurti 1655.*
Ambaſſade des Hollandois vers l'Empereur de la Chine, *Leyde* 1665.
Borri Ambaſciata di Romolo à Romani, 12. *Bruxelles 1671.*
Commentarioli Britannicæ deſcriptionis , 12. *Coloniæ Agrippinæ* 1672.
Eſtat de l'Empire de Ruſſie, Margeret, *Paris 1669.*
Eſtat du Royaume d'Affrique de Taffilet , *Paris 1670.*
Golnitzii Ulyſſes Gallo-Belgicus 12. *Lugduni Batavorum 1655.*
Itinerario della corte di Roma, 12. 2. vol. *Bizanzonè 1673.*
La Cour Ottomane ou l'Interprette de la Poite, *Paris 1673.*
Liberté d'Aranda , 12. *Paris 1665.*
Navigation de Linſchot aux Indes Orientales , 12. *Amſterdam* 1638.
Spigellii de re litteraria Sinenſium , *Lugd. Bat. 1661.*
Topeltini origines & occaſus Tranſſylvanorum , 12. *Lugd. Batav.* 1667.
Theſori de la corte di Roma, 12. *Bruxelles 1672.*

VOYAGES ANGLOIS in douze.

CHAMBERLAINES preſent ſtate of England , 12. 2. vol. *Savoye 1669.*
Fellows preſent ſtate of the united Provinces, 12. *London* 1669.
Gaillards preſent ſtate of Venice, 12. *London 1669.*
Oſborns advice to aſon or directions for your Conduct, 12. *Oxfordt 1668.*
The adventures of M. I. S. an English Merchant prijoner by the Turks of Argiers, 12. *London 1670.*
The Hiſtory of the Turkish, Wars in Hungary, Tranſſylvany, &c. *London 1664.*
The Hiſtory of Jewells, 12. *London 1669.*

GEOGRAPHES in fol. 4. 8. & 12.

STRABONIS Geographia, Casauboni, fol. gr. latin. *Parisiis* 1620.
Petri Karrei Germania inferior, fol.
Romani utriusque Imperii descriptio, fol.
Recüeil de diverses Cartes de Geographie, fol. 1512.
Description de la Mer Mediterranée, fol.
Miroir de la Navigation, fol.
Les Provinces de France de Tassin, fol.
Les Cartes des dix-sept Provinces, fol.
Cartes de Samson, & ses Tables, fol.
Le Monde de Samsom, 4. 2. vol. *chez Laeettecer.*
Tabulæ Geographicæ & Hydrographicæ Simonis Pauli, 8. *Argentorati* 1670.
Papyrius Massonus de fluminis Galliæ, 8. 1518.
Rivieres de France de Coulon, 8. 2. vol. *Paris* 1644.
Mercure Geographique du P. Lubin, 8. *Paris* 1678.
Tables Geographiques du P. Lubin, pour les Vies de Plutarque, 12. *Paris* 1671.

HISTORIENS NATURALISTES in fol.

CARDANUS de Rerum varietate, fol. *Basileæ* 1657.
Hortus Curtii, fol.
Manlii Boetii opera, fol. *Basileæ.*
Hardouinus de Venenis, fol. *Basileæ.*
Licostenes de Prodigiis, fol. *Basileæ.*
Porta de Magia naturali, fol. *Neapoli* 1589.
Porta de Physionomia, fol. *apud Cacchium* 1589.
Achillini Chyromantia, fol. gothique.
Cardani Metoscopia, fol. *Folly* 1658.
Gilbertus de Magnete, fol. *Londini* 1600.

Agricolæ opera, fol. 3. vol. *Froben, Basilea.*
Tirenius de Fato, fol. *Zilet, Venetiis* 1553.
Bartii adversaria, fol. *Francofurti* 1624.
Laurentii Vallæ opera, fol. *Basilea.*
Paduanius de Ventis, fol. *Bononia* 1601.
Kircher de Arte Magnetica, fol. *Roma* 1654.
Pomponatii opera, fol. gothique.
Authores varii de Balneis, fol. *Venetiis, Junctes* 1553.
Licetus de Hyeroglifica, fol.
Picus Mirandulanus, fol. 2. vol. *Basilea, Henry Petre.*
Conciliator inter Medicos & Philosophos, *Venetiis, Juntes* 1565.
Telesius de Rerum natura, fol. *Neapoli* 1586.
Patricii Philosophia nova, fol. *Ferraria* 1591.
Patricii Disquisitiones Peripateticæ, fol. *Basilea* 1681.
Baconis opera, fol. 3. vol. *Londini.*
Marcilii Ficini opera, fol. 2. vol. *Basilea* 1561.
Proclus in Platonem, fol. *Hamburgi* 1618.
Platonis opera cum commentariis Serrani, fol. 3. vol. *Basilea.*
Aristotelis opera, fol. 2. vol. *Duval* 1619.
Aristoteles de Animalibus, fol. *Tolosa* 1619.
Aristotelis opera, Casauboni, fol. 2. vol. *Lugduni, Lemar* 1590.
Sextus Empyricus, fol. gr. latin. *Geneva* 1621.
Athenæus Casauboni, fol. 2. vol. *Comelin* 1597.
Moufetus de Insectis, fol. *Londini* 1634.
Musæum Veronense, fol.
Sagi di Natura experienzé, fol. *Florentia.*
Experimenta de Vacui spatio, fol.
Historia naturalé di Ferrante, fol. *Jeanson* 1672.
Musæum Vormianum, fol. *Elzevir* 1655.
Hesperides Ferrarii, fol. *Roma.*
De Lobel de Plantis, fol. *Plantin* 1576.
Mathiolus Bavhini, fol. 1598.
Mathiole en françois, fol. *Lyon* 1642.
Clusius de Plantis, fol. 2. vol. *Plantin* 1601. *Raphelinge* 1665.
Rerum Medicarum novæ Hispaniæ, fol. *Amstelodami Veeckius, Roma* 1651.
Dodonæus de Plantis, fol. *Plantin* 1583.
Theophrastus de Plantis, fol. *Amstelodami* 1644.

Bavhini Hiftoria Plantarum, fol. *Ebrodini* 1650.
Hiftoria Plantarum Dalefchamps, fol. *Lugduni* 1647.
Gerard, Hiftoires des Plantes, fol. 1636.
Mathiolus Valgrifii opera, fol. peint aprés nature.
Aldrovandus fol. 13. vol.
Jonftoni opera, fol. 2. vol.
Baccius de Thermis, Valgrife, 1561. & 62. de Vineis, fol. *Romæ*
　　1596.
Mundus fubterraneus Kircheri, fol.
Aquapendente de formato fœtu, fol. gr. papier, *Venetiis* 1620.
Aquapendente de voce & auditu, fol. *Venetiis* 1600.
Dureti Hippocratis Coacæ, fol. peint 1621.
Oeconomia Hippocratis Frifii, fol. *Vekel* 1588.
Hyppocrates Marciani, fol. *Venetiis* 1952.
Septalius in Hippocratem, fol. *Francofurti* 1645.
Arnaldus de Villa-nova, fol. *Bafilea* 1595.
Sckinchii obfervationes, fol. *Francofurti* 1615.
Phyfica Hildegradis, fol. parchemin, *Strafbourg* 1533.
Mathiole en Allemand, fol. enluminé.
Rondelet des Poiffons, fol. *Lyon, Bonhomme* 1558.
Ambrofii Hiftoria Animalium, fol.
Tableaux de Philoftrate, fol.
Philoftrati Lemnii opera, fol. *Parifiis* 1608.
Jonfton de Quadrupedibus, fol. *Amftelodami* 1657.
Jonfton de Infectis, fol. *Amftelodami* 1657.
Hiftoria naturale di Ferrante, fol. *Neapoli* 1599.
Rodrici à Caftro de morbis mulierum, fol. *Coloniæ* 1603.
Lacunæ Epitome Galeni, fol. *Bafilea* 1651.
Claudini opera Medica, fol. *Venetiis* 1607.
Saxoniæ opera Medica, fol. *Patavii* 1639.
Cardanus de fanitate tuenda, fol. *Bafilea, Eripetre.*
Gorræi opera, fol. *Parifiis,* 1522.
Patin, in Fulvium Urfinum, fol. gr. papier, 1663.
Medicæ artis Principes, fol. 2. vol. *Henry Eftienne* 1569.
Oeuvres de Paré, fol. *Paris, Gabriël Buon* 1575.
Taliacotii Chyrurgia, fol. *Venetiis* 1597.
Vefalii Anatomia, fol. *Bafilea* gr. papier.
Anatomia Spigellii, fol. *Blaeu* gr. papier.
Laurentii Anatomia, fol. *Parifiis, Ovray* 1600.

Placentini

Placentini Anatomia, fol. *Francofurti* 1612.
Livres de Chymie, Allemands, fol. *Lauzanne.* Alchar Allemand,
    Francofurti 1629.
Paracelsus, fol. 3. vol. Allemand, *Strasbourg* 1616.
L'Artillerie d'Urfano, fol. *Francofurti* 1614.
Strada des Moulins, fol. 1617.
Architecture de Delorme, fol. *Morel* 1568.
Architecture de Vignole, fol. *Amsterdam* 1617.
Tichonis Brahæi Mechanica, fol. parchemin, *Manciberga* 1602.
Architecture d'Albert, fol. *Paris, Keners* 1553.
Architectura privata, Allemand fol. *Ausbourg.*
Guidonis Baldi Mechanica, fol. *Pisauri* 1577.
Cardanus de proportionibus, fol. *Basilea.*
Architecture du Muet, fol. *Tavernier* 1623.
Architectura Vitruvii, fol. *Lugd. Batav.*
Architectura del Scamothi, fol. *Venetiis.*
Hydrographie du P. Fournier, fol. *Paris, Soli* 1643.
Copernicus de Revolutione, fol. *Basilea.*
Institutions Astronomiques, fol. *Vascosan* 1557.
Hevelii Selenographia, fol.
Rosa Ursina, fol. gothique, *Badeliani.*
Atlas Cælestis, fol. cuir de Thunis.
Discours Astronomique de Besson, fol.
Boissot, artifices & instrumens de guerre, Allemands, François, fol.
    Strasbourg 1603.
Besson des Mechaniques.
Aquillonii optica, fol. *Plantin* 1613.
Vitellionis optica, fol. *Basilea* 1572.
Anthoniana Margarita, fol. 1554.
Opera Mathematica Riccioli, fol. 5. vol.
   De Spontaneo viventium motu, fol.
   De Lucernis antiquis, fol.
   De intellectu agenti, fol.   } *Patavii.*
   De Alimento, fol.
Gassendi opera, fol. 6. vol.
Flave Vegece de l'Art militaire, fol. gothique, *Vekel* 1536.

HISTORIENS NATURALISTES
ANGLOIS in folio.

MIcographia by Rhooke, fol. *London* 1665.
Paradifus Terreftris Parkinfon, fol. *London* 1629.
Obfervations upon experimental Philofophy by the Ducheff
 Niewcaftel, fol. *London* 1666.
Ejufdem Philofophical Lettres.
Sociable Lettres.
Orations.
Poëme.
Philofophical and Phyfical opinions.
Plays Newer Before.
Method Thodreffe.
Borfes du Duc de Niewcaftel.
The Anathomia of melancolie, fol. *Oxfordt* 1658.
Theatrum Botanicum Parkinfon, fol. *London* 1640.
Digbi de Immortalitate Animæ, fol. *Anglois* peint, 1644.

HISTORIENS NATURALISTES in quarto.

ALpinus de Plantis Ægypti, 4. *Cabanii* 1640.
De ortu Animæ humanæ, 4. *Geneva* 1602.
De Vita, 4. *Geneva* 1607.
De propriorum operum Hiftoria, 4. *Patavii* 1634.
De Anima, 4. *Vtini* 1637.
De quæfitis per Epiftolas, 4. 2. vol. *Vtini* 1646.
De Mulctra, 4. *Vtini* 1636.
De Monftris, 4. *Patavii* 1668.
De Encyclopedia, 4. *Patavii* 1635.
De Annulis antiquis, 4. *Vtini* 1645.
De Natura & Arte tractatus varii, 4. *Vtini* 1640.
De Lunæ fubobfcura luce & de lapide Bononienfi ; 4. *Vtini*
 1640. & 42.

De perfecta conftitutione hominis in utero, 4. *Patavii* 1616.
Omnibonus de Arte Medica, 4.
De Boot Gemmarum & Lapidum Hiftoria, 4. *Hannoviæ, Marnius*
　　1609.
Moebii Anatomia, Camphoræ, 4.
Colerus de Bombyce, 4.
Heiland monftri Haffiaci difquifitio Medica, 4. *Jenæ* 1660. &
　　Gieffæ Haftorum 1665.
Lucanus de Univerfi natura, 4. *Amftelodami* 1661.
Butius de Antiquorum Potu, 4. *Romæ* 1653.
Guilandini Papyrus, 4. *Venetiis* 1672.
Bruyn de Natura & proprietate lucis, 4. *Elzevir* 1663.
Voffius de motu Marium & Ventorum, 4. *Haga-Comitis* 1663.
Voffius de natura & proprietate lucis, 4.
Grulingii Florilegium Hyppocrate-Galeno-Chymicum, 4. *Lipfiæ*
　　1645.
Nardi difquifitio Phyfica de Rore, *Florentiæ* 1642.
Ephemerides Medico-Phyficæ, Germanicæ, 4. 5. vol. *Lipfiæ* 1670.
　　ad annum 1677.
Bartolini Acta Medica, 4. 2. vol. *Hafniæ* 1673.
Scotti Phyfica curiofa, 4. 2. vol. *Herbipoli* 1657.
Scotti Thectica curiofa, 4. *Herbipoli* 1664.
Scotti Schola Stegonographica, 4. *Herbipoli* 1665.
Severinus de Vipera, 4. *Patavii* 1651.
Offervationi intorno alle Vipere da F. Redi, 4. *in Firenze* 1664.
Efperienze di Redi, 4. 2. vol. *in Firenze* 1671.
Spontonus de pulvere Viperino, 4. *Romæ* 1648.
Malpigii differtatio de Bombyce, 4. *Londini* 1669.
Charletonis Onomafticon Zoicum, &c. 4. *Londini* 1668.
Klobii Hiftoria Ambræ, 4. *Witembergæ* 1666.
Verlingii Anathomia, 4. *Patavii* 1647.
·Obbs de homine, 4. *Londini* 1658.
　　de Cive, 4. *Parifiis* 1642.
Caneparius de Atramentis, 4. *Londini* 1660.
Pinax Microcofmographicus, 4. maroquin, 1615.
Tractatus de Tabaco, 4. *Manieni Ticini* 1648.
Neandri Bremani Tabacologia, 4. *Elzevir.*
Hiftoria vini & Febrium, 4. *Tirelli Venetiis* 1630.
Grevinus de Venenis, 4. *Plantin* 1571.
Suvammerdam de uteri mulierum fabrica, 4. *Lugd. Batav.* 1672.

Malpighius de formatione pulli in ovo & de Bombyce.
Agricolæ opera, en Allemand, 4. *Lipsiæ* 1638. & 1639.
Petrus Salius de Febre pestilenti, 4. *Boloniæ* 1584.
Medulla distillatoria, 4. Allemand, *Hamburgi, Froben* 1638.
Traité du feu & du sel, 4. *Langelier* 1618.
Historia Plantarum, Bavhini, 4. *Geneva* 1619.
Baufinius de fontibus & Balneis in Ducatu Witembergæ, 4. *Montis*
    Beligardi 1598.
Portius de coloribus, 4. *Florentia Torrentini* 1548.
Cæsalpinus de Metallicis, 4. *Romæ* 1596.
Philosophia naturalis reformata Gerardi & Arnaldi, 4. *Dublinii*
    1641.
Dialogo di Galileo Galilei, 4. Dé lo Systemate del Mundo,
    in Florenza 1532.
Essais des merveilles de Nature, 4. *Roüen, Osmond* 1621.
Vennerie de Foüilloux & Fauconnerie de Franchieras, 4. *Paris,*
    Magnier 1585.
De Auro Dialogi tres, 4. *Venetiis, apud Joannem à Porta* 1584.
Laet de Gemmis & Lapidibus, 4. *Lugd. Batav.* 1647.
Marucii Quadripartitum melancholicum, 4. *Romæ* 1645.
Alpinus de Medicina Ægyptiorum, 4. *Parisiis* 1643.
Cardanus de infomniis, 4. *Basileæ, Henry Petre.*
Vorstii disputatio Medica, 4.
Sennertus practicæ Medicinæ, 4. 6. vol. en 5. *Witemberga* 1636.
Ejusdem Institutiones, 4. 2. vol. *Witemberga* 1644.
De Febribus, 4. *Witemberga* 1629.
De Chymia, 4. *Witemberga* 1629.
Theses de Febribus, 4. *Witemberga* 2. vol. 1628.
Nicandri Theriaca, 4. *Parisiis, Morel* 1557.
Ophtalmographia Plempii, 4. *Amstelodami* 1632.
Martinus in Hyppocratem, 4. *Paris* 1646.
Nova & Arcana doctrina Febrium, Meyssonerii, 4. *Lugd. Batav.*
    1641.
Perdulcis opera Medica, 4. *Paris, Sauvageon* 1648.
Helnicus de usu fontium, 4. *Schwalbaci* 1631.
Codex Medicamentarius seu Pharmacopea, 4. *Parisiis* 1645.
N. Maffei Epistolæ, 4. *Venitiis* 1558.
Gontherus de fanitate tuenda, 4. *Lugduni* 1668.
Schockii de Extafi tractatus fingularis, 4. *Groningæ* 1661.
Menjotus de Febribus malignis, 4. 4. vol. en 3. *Cramoify* 1665.
                           Claramontius

Claramontius de conjectandis animi affectibus, 4. *Venetiis* 1625.
Demosterion de Roch le Baillif, 4. *Roüane* 1578.
Galenus de alimentorum facultatibus, 4. *Parisiis, Colinet* 1530.
Galenus de usu Partium, 4. *Parisiis, Colinet* 1528.
Falopius de Medicatis aquis, 4. *Venetiis, Zilet* 1564.
Praxis medicorum, 4.
Clarificatorium Joannis de Tornamerare, 4. gothique.
De la Chambre, Nova methodus pro explanandis Hyppocrate &
     Aristotele, 4. *Parisiis* 1645.
Prosper Alpnius de præsagienda vita & morte ægrotantium, 4.
     Venetiis 1607.
Cæsalpini Aretani quæstiones Medicæ, 4. *Venetiis, apud Juntas*
     1593.
Wrtzii Chyrurgia, 4. en Allemand, *Basilea, Henry Petre.*
Paduanus de corporis partium significationibus, 4. *Verona* 1589.
De Physionomia da Grisaldi, 4. *in Trevigi* 1611.
Anathomia corporis humani Diemenbroeck, 2. vol. 4. *Vltrajecti*
     1672.
Villis Anatomia cerebri, 4. *Londini* 1664
Stenonis Elementorum Myologiæ specimen, 4. *Florentia* 1667.
Bilsii specimina Anathomica, 4. *Roterodami* 1661.
Kerchingii spicilegium Anathomicum, 4. *Amstelodam* 1670.
Pequetti experimenta Anathomica, 4. *Cramoisy* 1664.
Introductio ad Chymiam, 4. *Basilea.*
Veckeri Antidotarium, 4. *Basilea, Valkirch* 1601.
Renodæi Pharmaceutica, 4. *Parisiis* 1623.
Hadriani à Minsicht Armamemarium Medico-Chymicum, 4.
     Lubecæ 1638.
Guntheri observationes Chymiatricæ, 4. *Lugd. Bat.* 1581.
Untzeri tractatus Medico-Chymicus, 4. *Hala-Saxonum* 1634.
Alberti Quatrocchii disputatio de ponderibus, 4. *Venetiis, officina*
     Phamacoceutica Veins 1617.
Faventinus de morbis membrorum curandis, 4. *Ingolstadt* 1545.
Angeli salæ opera Medico-Chymica, 4. *Francofurti* 1647.
Bergodenung de Nuga, en Allemand, 4. *in Brunswick* 1593.
Porta de distillatione, 4. *Roma* 1608.
Vanhelmontis opera, 4. *Elzevir* 1648.
Cœlum Philosophorum, 4. *Argentorati* 1628.
Geberi Alchymia, 4. *Argentorati* 1629.
Genius ad diam Scholam, 4. *Parisiis* 1654.

Traité de l'Eau de vie, 4. *Paris, Chambre* 1646.
Dæmonomancie de Bodin, 4. *Paris* 1587.
Theophrasti vade mecum, 4. *Magdeburgi* 1607.
Claudini Concilia Medicinalia, Lotimbac, *Francofurti* 1605.
Remigii Dæmonolatria, 4. *Lugduni* 1585.
Vierrus de Præstigiis Dæmonum, 4. *Basileæ, Oponim* 1583.
Pharmacopea Amstelodamensis, 4. *Amstelodami* 1643.
Appiani Cosmographia, 4.
Tabulæ Astronomicæ Alphonsi Regis, 4. gothique, *Venetiis*
      1503.
Philolaus de Systemate Mundi, 4. *Blaeu* 1639.
Joannis Hispaliensis Astrologia, 4. *Noribergæ* 1548.
Stempellius & Zelstius Astrolabii fabrica vetus, 4. *Leodi* 1602.
Kepleri Optica, 4. *August. Vind.* 1611.
Goclenii Niptus de Auguriis, 4. *Marpurgi* 1614.
Aretius de Cometis, 4. *Beone* 1556.
Astronomie inferieure, 4. *Paris* 1644.
Gilbertus de Mundo nostro.
Manilii Astronomicon Scaligeri, 4. *Plantin, Raphelinge* 1600.
Gassendi Epistolæ, 4. *Paris* 1642.
Gassendi vita Tichonis Brahæi, 4. *Parisiis* 1654.
Apologia Gassendi, 4. *Lugduni* 1649.
Eugenii Systema Saturninum, 4. *Haga-Comitis* 1659.
Opere del Galileo, 4. 2. vol. *Bologne* 1656.
Licetus de novis Astris, 4. *Venetiis* 1623.
Physionomia cælestis Portæ, 4. *Neapoli* 1603.
Harvæus de generatione Animalium, 4. *Londini* 1651.
Faber de Plantis & generatione Animalium, 4. *Paris* 1666.
Piso de Cometa, 4. *Ponto ad Motionem* 1619.
Mizaldi Cometo-Graphia, 4. *Parisiis Vekel* 1549.
Horographicum Catholicum Sarazini, 4. *Parisiis* 1630.
Gassendi institutio Astronomica, 4. *Parisiis* 1647.
Lettres de Morin, de la Roche & Nevré à Gassendi, 4. *Paris*
      1650.
De Testimoniis Patrum in conclusionibus mere naturalibus non
      usurpandis à Galilæo, 4. *Augusta, Treboc* 1636.
Gilberto de Mundo nostro sublunari, 4. *Amstelodami, Elzevir*
      1641.
Architectura Vitruvii, 4. *Lugduni, apud Tornesium* 1652.
Petri Rami Arithmetica & Geometria, 4. *Francofurti* 1627.

Traité des feux d'artifices & machines de Guerre, 4. *Pont à Mousson* 1620.
Perspective pratique, 4. *Paris* 1642.
Perspective de Migon, 4. *Paris* 1643.
Science des Eaux, par le Pere Jean François, 4. *Rennes* 1653.
Zucchii nova de machinis Philosophiæ, 4. *Roma* 1649.
Cosmolabe de Besson, 4. *Lyon, Roüille* 1567.
Cosmographie d'Appian, 4. *Paris, Guillemot* 1551.
Hues de Globis, 4. *Amstelodami* 1624.
Blaeu de l'usage des Globes, 4. *Amsterdam* 1592.
Nova reperta Geometrica Alfonsi à Jansonio, 4. *Arnhemii* 1620.
Brieti Geographia, 4. 3. vol. *Cramoisy* 1648.
Declaration de l'usage du Graphometre par Danterie 1597.
Optica promota à Gregorio, 4. *Londini* 1663.
Fundamentum opticum Schineri, 4. maroquin, *Oeniponti* 1619.
Usus Astrolabii Frisii. 4. *Antuerpiæ* 1583.
De dominis de Radiis visus, 4. *Venetiis* 1611.
Pitisci Trigonometria, 4. 1600.
Prospectiva di Euclidi di Larisco, 4. *in Florenza, Juntes* 1573.
Euclidis optica, 4. *Parisiis, Duval* 1604.
Porta de furtivis litterarum notis, 4. *Neapoli* 1553.
Le premier Livre d'Archimede de Baziers, 4. *Perier* 1565 ou 95.
Hobes contra Geometras, 4. *Londini* 1666.
Bullialdus in Theonem Platonicum è Bibliotheca Thuana, 4. *Paris* 1644.
Favilla ridiculi muris per Bernerum, &c. 4. *Paris* 1653.
De emendatione Mathematicæ hodiernæ, 4. *Londini* 1660.
Deliciæ Physico-Mathematicæ, 4. *Schwenter Nuremberg* 1586.
Turcaro de l'art de voltiger, 4. *Paris* 1599.
Champfleury de la proportion des Lettres, 4. *Bourges* 1529.

HISTORIENS NATURALISTES
ANGLOIS in quarto.

PHILOSOPHICALL Transactions, 4. 9. vol. en 5. tomes *London* 1665. & deux feüilles.
Boyle Essays, 4. *London* 1661.

Boyle experimental Philofophy, *4. 5.* vol. *Oxfordt.*
Power experimental Philofophy, *4. London 1664.*
A Theatre of Political Flying-Infects by Purchas, *London 1657.*
Samuel Hartlib his legacy of hufbandry, *4. London 1655.*
Marcy idea operatrix, *4. 1635.*
Butllers feminine Mornachie or the Hiftorie of bees , *4. London*
     1623.
Obfervations upon Bacon natural Hiftory, *4. Oxfordt 1658.*
The mifteries of nature, and arth By Joanne Batte, *4. 1635.*
The caufe of the execution of S. Valter Raleich, *4.*
Greun Anatomy of Trunchs, *4.*
Greun Anatomy of Rots, *4.*
The Roches of Chriftiani ftipun racke , *4.*
A Irin defcription of his Majefties Royall, *4. London 1657.*
Wiliam afpeck delivred in the Starrehamberg, *4. London 1637.*
Conferences concernings the privileges, of the Sujets, *4. London*
     1622.
An Hiftorical Narration, *4. London 1631.*
William colbon art of arithmetike, *London 1612.*
Fofter Elliptical Horologiography, *4. London 1654.*
Paradifus Terreftris Perekuifon , fol. *Londini 1629.*

HISTORIENS NATURALISTES in octavo.

CHYROMANCE de Tricaffe , *8. Paris, Drouart.*
Pontanus de Meteoris , *8. Argentorari 1545.*
Onomafticon Philofophico-medicum, *8. Allemagne 1574.*
Agrippa de vanitate fcientiarum, 8. de la bonne edition.
Goclenius de rifu & lachrymis, *8. Marpurgi 1597.*
Wierus de præftigiis Dæmonum , *8. Bafilea Oporin 1566.*
Peucerus de divinatione 8. *Witemberga 1553.*
Cenforinus de die natali , *8. Lugduni Bat. 1642.*
Meurfii filii Arboretum facrum, *8. Elzevir 1642.*
Clufii Hiftoria Aromatum apud Indos, *8. Plantin 1593.*
Amati Lufitani Diofcorides , *8. Lugduni Bon-bomme 1558.*
Hobes Problemata Phyfica , *8. Londini 1662.*
Fer de Abfynthio Analecta, *8. Lipfia 1668.*

Bechem

Becheri fubterranea, 8. *Francofurti* 1669.
Sennerti Hypomnemata Phyfica, 8. *Francofurti* 1640.
Sennerti Epitome naturalis fcientiæ, 8. *Francofurti* 165⊙.
Couleii Poëmata de Plantis &c. 8. *Londini* 1668.
Sachs Ampelographia, 8. *Lipfiæ* 1661.
Sachs Gammarologia, 8. *Francofurti* 1665.
Sachs ad Danielem Majorem de Cancris & Serpentibus putrefactis,
    8. *Iena* 1664.
Gliffonii Anatomia Hepatis, 8. *Londini* 1654.
Bartholinus de luce Animalium, 8. *Lugduni Bat.* 1647.
Bartholini Hiftoriarum Anatomicarum centuriæ feptem, 8. 3. vol.
    Amftelodami 1644. *Hafniæ* 1661. & 1664.
Bartholini Hiftoria Anatomica aneuryfmatis, 8. *Panormii* 1644.
Bartholinus de Nivis ufu medico, 8. *Hafniæ* 1661.
Bartholini Epiftolæ Medicinales, 8. *Hafniæ* 1663.
Bartholinus de Medicina Danorum, 8. *Hafniæ* 1666.
Bartholinus de Cometa, de poris, de confuetudine & de hepate, 8.
    Hafniæ 1665.
Seidelius de Ebrietate, 8. *Hannoviæ* 1594.
Needam de formato fœtu, 8. *Londini* 1667.
Graft de virorum organis &c. 8. *Lugduni Bat.* 1668.
Graft de mulierum organis, 8. *Lugduni Bat.* 1672.
Bavhinus de lapidibus Bezoaris Orientalibus & Occidentalibus, 8.
    Bafileæ 1629.
Bavhinus de Hermaphroditis, 8. *Oppenheim* 1614.
Gratarolus de Vini natura, 8. *en Allemagne.*
Chefneau obfervationes Medicæ, 8. *Parifiis* 1672.
Lower Tractatus de corde, *Londini* 1669.
Bettus de ortu & natura fanguinis, 8. *Londini* 1669.
Wharton Glandularum defcriptio, *Londini* 1656.
Portæ Phyrognomonica, 8. *Francofurti* 1608.
Gliffonius de Rachitide five morbo puerili quæ vulgo Rickets dicitur,
    Londini 1655.
Willis de fermentatione, febribus & urinis, 8. *Londini* 1659.
Kozak Tractatus Hæmorragiæ, 8. *Vlma* 1666.
Suammerdam de Refpiratione, 8. *Lugduni Bat.* 1667.
Kornmanni Templum naturæ, 8. *Darmbftadii* 1611.
Goclenius de mirabilibus naturæ, 8. *Francofurti* 1643.
Palmarius de morbis contagiofis, 8. *Francofurti* 1601.
Salmafii de Manna & Saccharo Commentarius, 8. *Paris* 1664.

Q

Bruyerinus de re cibaria, 8. *Francofurti* 1600.
Sebirius de Acidulis , 8. *Argentorati* 1625.
Roet Peſtis adumbrata, 8. *Londini* 1666.
Sidenham modus curandi febres, 8. *Londini* 1666.
Truſton de reſpiratione, 8. *Londini* 1670.
Baconis Hiſtoria ventorum, 8. *Londini* 1622.
Ejuſdem Hiſtoria vitæ & mortis, 8. 1623.
Tractatus varii de coloribus, 8.
Dodoneus de obſervatione Medica, 8. *Lugd. Bat. Plantin* 1585.
Ganſii Hiſtoria corallorum, 8. *Francofurti* 1630.
Lefranc de Anima animante, 8. *Londini* 1664.
Hieronymi Rorarii exlegati Pontificii quod animalia Bruta ra-
    tione utantur melius homine, 8. *Cramoiſy* 1648.
Charas de la Vipere, 8. *Paris* 1669.
Traité des Abeilles, 8. *Liege* 1646.
Lettera di Franceſco Redi intorno al ſuo tractato della Vipera, 8.
    Florence 1670.
Diſcours du Tabac, 8. *Paris* 1668.
Goëdartius de Infectis, 8. 3. vol. maroquin , *Medioburgi.*
Habdaramannus de proprietatibus Medicis, 8. *Paris; Cramoiſy*
    1647.
Salmaſius in Aphoriſmos Hyppocratis, 8. *Lugduni Bat.* 1640.
Miræi elogia Belgica, 8. *Antuerpiæ* 1602.
Gordonii Lilium Medicinæ per P. Uffembach , 8. *Francofurti*
    1617.
Varandeii Phyſiologia, 8.
Moronus , directorium Medico-practicum, 8. *Lugduni* 1647.
Corringius de ſanguinis generatione & motu naturali, 8. *Lugduni*
    Bat. 1646.
Diſcours du vuide de Guiffart, 8.
Rattray aditus ad occulta Sympathiæ & Antipathiæ , 8. *Glaſque*
    1658.
Diſcours de Stenon ſur l'Anatomie de cerveau, 8. *Paris* 1669.
Zimaræ Antrum Magico-Medicum, 8. *Francofurti* 1625.
Bruele Praxis Medicinæ, 8. *Lugduni Bat.* 1628.
Burgravii Erneſti Palatini Biolychnium & Sala de auro potabili,
    8. *Argentorati* 1629. & 30.
Riverii obſervationes Medicæ, 8. *Londini* 1646.
Opera Chyrurgica de Vigo, gothique.
Wecker des ſecrets & miracles de Nature, *Lyon* 1584.

Des Satyres, Monstres & Demons & de leur culte, par Hidelin, *Paris 1627.*

Physionomia da Pinzio di Anth. del Moulin ond de le superstitioni antichi de gli starnuti, *&c. Lyon, Tournes 1650.*

Euchyridium Physicæ restitutæ, 8. *Paris 1623.*

Fnchsius, Historia Plantarum, 2. vol. *Parisiis 1543. Basilea 1545.*

Secrets de Liebaut, 8. *Paris 1579.* •

Dæmonomagicæ Quæstiones, par Elich, 8. *Francofurti 1607.*

Traité des Demons de Perreaud, 8. *Geneve 1653.* ———————

Memoires & Recherches de France, par la Haye, *Paris 1581.*

Traité de la Pelleterie, *Paris, Billaine 1634.*

Histoire de l'Etat & Republique des Druides, de Noël, 8.

Bodini Theatrum Naturæ, 8. *Lugduni 1596.*

Rullandi Centuriæ, 8. *Lugduni 1628.*

Cardanus de varietate, 8. *Lugduni, Estienne Michel 1580.*

De subtilitate, 8. *Basilea, Henry Petre 1611.*

Accouchement des femmes de Liebaud, 8. *Paris, Pacard 1620.*

Salmasius de Fœnore, 8. *Lugduni Bat. 1640.*

Bulengerus de Vectigalibus, 8. *Tholosa 1612.*

Boxornii & Maresii dissertationes de Trapezitis, *Lugduni Batav. 1640.*

Cornarius Theologia vitis viniferæ Sculteti, 8. *Heydelberga 1614.*

Morison hortus Regius Blesensis, 8. *Londini 1669.*

Dortomannus de Thermis Bellilucanis, 8. *Lugduni, Pesnot 1679.*

De cerebri morbis, Jasonis Pratensis, 8. *Basilea, Henry Petre 1539.*

Elsholtii Antropometria, 8. *Francofurti sur l'Oder 1663.*

Garciæ historia Aromatum apud Indos, 8. *Plantin 1567.*

Symphoriani Hortus Gallicus, 8. *Lugduni 1533.*

Ranzovius de conservanda valetudine, 8. *Antuerpia 1584.*

Cornaro du regime de vivre, 8. *Paris 1647.*

Lessius de conservanda valetudine, 8. *Plantin 1614.*

Roginus Baconus de retardanda senectute, 8. *Oxfort 1590.*

De vera Quercus Historia, 8. *Lugduni, Roüille 1555.*

Tabidorum Theatrum Benedicti, 8. *Londini 1656.*

Bimius de Peste ad vivum delineata, 8. *Leodici Eburonum 1671.*

Gesnerus de Gemmis & Lapidibus, 8. *Tiguri 1565.*

Mocxius de aquarum affectibus, 8. *Friburgi 1596.*

La Chambre, de la connoissance des Animaux, 8. *la Rochelle* 1646.

De causis pluviæ purpureæ, 8. *Bruxelles* 1647.

Ordonnances du Roy, sur le fait des Mines, 8. *Lyon* 1575.

Modestie fachsen probier Buchlein, Allemand, 8. *Amsterdam* 1669.

Nuisemen, traité du Sel & de l'Esprit du Monde, 8. *Paris* 1621.

Canonherius de admirandis vini virtutibus, 8. *Antuerpiæ* 1627.

Fienus de fætus formatione, 8. *Antuerpiæ* 1620.

Bulliadus de natura lucis, 8. *Parisiis* 1638.

Tractatus varii de coloribus, 8. *Parisiis, Marbourg,* &c.

Rosseti Partus Cæsareus, sive de fætu Lapideo, 8. *Paris* 1590.

Merett Pinax rerum naturalium Britannicarum, 8. *Londini* 1667.

Rondelettus de Ponderibus Medicamentorum, 8. *Lugduni* 1563.

Mizaldi opuscula varia, 8. *Paris, Morel* 1575.

Mizaldi Harmonia, 8. *Morel* 1576.

Hyppocratis opera variorum, 8. 2. vol. *Lugduni Bat.* 1665.

Fernelli opera, 8. vol. 2. *Lugduni Bat.* 1645.

Zacuti Praxis Medica, 8. *Amstelodami* 1634.

Claudinus de ingressu ad infirmos, 8. *Basileæ* 1617.

Corbei Pathologia, 8. *Norimbergæ* 1647.

Riverii Praxis Medica, 8. 2. vol. *Parisiis* 1640.

Jonstoni idea Medicinæ, 8. *Elzevir* 1648.

Sennertus de Scorbuto, 8 *Witembergæ* 1624.

Sennerti Epitome institutionum Medicinæ, *&c. Witembergæ* 1634.

Varigani Secreta Medicinæ, 8.

Riverii observationes Medicinæ, 8.

Varandæi opera de affectibus mulierum, 8. *Hannoviæ* 1619.

Goclenius de sanorum diæta, *&c.* 8. *Francofurti* 1645.

Hollerius in Aphorismos Hyppocratis per Joannem Liebautium, *Genevæ* 1632.

Schola Salernitana de Moreau, 8. *Parisiis, Blaise* 1625.

Hyppocratis Aphorismi, Latinè, 8. *Parisiis* 1545.

P. Morelli Methodus Remediorum, 8. *Genevæ* 1639.

Maladie des femmes par Varandée, 8. *Paris Ninville* 1666.

Violette des maladies d'obstruction, 8. *Paris, Billaine* 1635.

De contradicentibus Medicis, 8. *Parisiis, Macé* 1565.

Friderici Lossii observationes medicinales, 8. *Londini* 1672.

Highmori exercitationes duæ, *Oxoniæ* 1660.

De

De ſtatica Medicina, 8. *Hagæ-Comitis* 1657.
Roderici opuſcula, 8. *Francofurti* 1646.
Plateri quæſtiones medicæ, 8. *Pariis* 1643.
Verderlinden medulla Medicinæ, 8. *Franekera* 1642.
Duhamel de corporum affectionibus, 8. *Pariſiis, Petit* 1670.
Lexicon medicum Caſtelli, 8. *Venetiis* 1607.
Sylvii Praxis medicinæ, 8. 3. volumes maroquin *Amſtelodami* 1664.
Le Vaſſeur contra Sylvium, *Pariſiis* 1668, & Schiuſt contra illum, *Lugduni.Bat.* 1670.
Zapata Secreti di Medicina, 8. *Veniſe* 1618.
Alexander Tralianus & Raza, 8. *Argentorati* 1649.
Victorius de morbo Gallico, 8. *Florentia* 1551.
Secreti di Medicina, 8.
Goclenius de crepitu ventris & riſu, 8. *Francofurti* 1607.
Savonarolæ practica Medicinæ & Optatus de Febre hectica, 8. *Lugduni Honorat* 1560.
Dougnetus de Arthritide, 8. *Paris* 1582.
Reuſnerus de Scorbuto, 8. *Francofurti* 1606.
Cæcilii Frey opuſcula, 8. *Pariſiis* 1646.
Roſſii obſervationes Medicæ, 8. *Francofurti* 1608.
Ferrerii methodus medendi, 8. *Lugduni* 1574.
Chyrurgia de Cauliaco, 8. *Lugduni Honorat* 1571.
Struthius de arte Sphygmica deſiderata, 8. *Baſilea, Oporin.*
Anatomie de Gelée, 8. *Paris* 1645.
Stenonis obſervationes Anatomicæ Bilſii, 8. *Lugduni Batav.* 1662.
Malpigius de viſcerum ſtructura, *Amſtelodami* 1669.
Bellini exercitatio Anatomica Blaſii, *Amſtelodami* 1665.
Theatrum Chymicum, 8. 6. vol. *Argentorati* 1613.
Agrippa de occulta Philoſophia, *Paris, Dupuis* 1567.
Pharmacopea Auguſtana, 8. *Gouda* 1653.
Baſilica Chymica Crollii Hartmanni, 8. *Geneva* 1635.
Chymie de le Févre, 8. 2. vol. *Paris* 1669.
Harthmanni Praxis Chymiatrica, 8. *Geneva* 1639.
Glauberi Furni novi Philoſophici, 8. *Amſtelodami* 1651.
Hovel traité de la Theriaque, des Metaux & Mineraux, & de l'Anatomie eſſentielle de l'homme, 8. *Bordeaux* 1573. & *Paris, l'Angelier* 1580.
Conference des deux Pharmacies de Paſcal, 8. *Thoulouze* 1616.

Praxis Barbettiana, 8. *Amsterdam* 1655. & *Lugduni Bat.* 1669. double.

Jonsthoni Lexicon Chymicum, 8. *Londini* 1652.

Compendium Hermeticum, Rhumelii.

Isacii Hollandii mineralia, 8. 2. vol. *Midelburgi* 1600. *Lipsiæ* 1624.

Erastus de auro potabili, 8. *Basileæ, Perna* 1578.

Gramani Chymia, 8. Schleusningen Allemand 1630.

Penotus de medicamentis Chymicis, 8. *Vrsellis* 1602.

Guibertus de Alchymia, 8. *Argentorati* 1603.

Panaceæ Hermeticæ deffensio, Girard, 8. *Vlmæ* 1640.

Joannes de Rupescissa & Carolus Witestein de quinta Chymicorum essentia & Cuverius de metallis, 8. *Basileæ* 1567.

Raymundus Lullus de quinta essentia, 8. *Argentorati* 1541.

Ejusdem libelli Chymici, 8. *Basileæ* 1600.

Ejusdem Codicillus, 8. *Coloniæ* 1563.

Ejusdem Mercuriorum liber & de secretis naturæ, 8. *Coloniæ* 1567.

Cholden Haligraphia, Allemand 1603.

Alexius de secretis Vekkeri, 8. *Basileæ* 1563.

Paracelsus de Tartaro, 8. *Basileæ* 1570.

Beguin, Element de Chymie, 8. *Paris, le Maistre* 1620.

Langelottus, Epistola de quibusdam in Chymia prætermissis, 8. *Hamburgi* 1672.

Trevisanus Dornei de Chymico miraculo, 8. *Basileæ* 1583.

Lombardi Margarita preciosa, 8. *Argentorati* 1608.

Polier Veredarius Hermeticus, 8. *Francofurti* 1622.

Architecture de Savot, 8. *Paris* 1632.

Astronomia Copernicana Kepleri, 8. *Francofurti* 1635.

Sphæra di Sacrobosco, 8. *Paris, Marnef* 1572.

Statleri Astrologia, 8. *Montisbelgardi* 1605.

Les Elemens de l'Artillerie de Rivault, 8. *Paris, Beys* 1605.

Haschardi Clypeus Astrologicus, 8. *Lovanii* 1552.

Traité de l'Horlogiographie, du P. Magdelaine Feüillant, 8. *Paris* 1641.

Cosmologie de Saulnier, 8. *Paris* 1618.

Annuli Astronomici usus, 8. *Paris* 1558.

Peucer de Circulis cælestibus, 8. *Witembergæ* 1553.

Maroles des Tailles-douces, 8. *Paris* 1666.

L'Usage du Pantomettre, Bulet, 8. *Paris, Pralard* 1675.

Goclenii Geometria, 8. *Francofurti* 1620.
Cofmologie du Monde, 8.
Petit, du Compas de proportion, *&c.* 8. *Paris* 1634.
Geometrie d'Erard, 8. *Paris* 1619.
Cofmographie d'Henrion, 8. *Paris* 1626.
L'Ufage du Compas de proportion de Henrion, 8. *Paris* 1626.
Paraphrafes de l'Aftrolabe, 8. *Lyon, de Tournes* 1555.
L'Aftrolabe de Stofler, 8. *Paris, Cavellat.*
Ranzovius de Judicio Aftrologiæ, 8. *Francofurti* 1615.
Guide des Fortifications, de Claude Flamand, 8. *Montbeliard* 1597.
Arithmetique de Stevin, 8. *Plantin* 1585.
Vaulezard de la Perfpective, 8. *Paris* 1631.
Zetetiques de Vaulezard, 8. *Paris* 1630.
Rami Proemium Mathematicum, 8. *Paris, Vekel* 1667.
Langius de Arte Mathematica, 8. *Friburgi* 1617.
Rivault, Elemens de l'Artillerie, 8. *Paris, Beys* 1605.
Modeftin Fachfen probier Buchlein, Allemand, 8. *Amfterdam* 1669.
Birrius de Metallorum metamorphofi, 8. *Amftelodami* 1668.

HISTORIENS NATURALISTES
A N G L O I S   in octavo.

W A L L I S Hobbius Heautontimorumenos, 8. *Oxfordt* 1661.
Clerke de reftitutione corporum, 8. *London* 1661. Boyle Hobs, & autres.
Mayow, tractatus varii Medico-Phyfici, 8. *Oxoniæ* 1674.
Greum Anathomy of Vegetables, 8. 3. vol. *London* 1672. 73. & 75.
Simpfon Hydrologia Chymica, 8. *London* 1669.
Simpfon Zumologia Phyfica, 8. *London* 1675. de Acido & Sulphure.
Sherley Philofophicall effay, 8. *London* 1672.
Bohun difcourfes of Wind, 8. *Oxfordt* 1671.

A difcours Wherein the intereft of the Patient , 8. *London* 1669.

Roon huyfe Treatifes of the Gout , 8. *London* 1676.

Brouun Hydriotaphia , 8. *London.* 1658.

Difficiles nugæ obfervation touching the Toriccellian experiment, *London* 1674.

More Remarks upon obfervations of the Toricellian experiment, 8. double.

Hartlib Irelands natural Hiftory , 8. *London* 1652.

Clarke natural Hiftory of nitre , 8. *London* 1672.

The art of Glaff. 8. traduction de l'Italien de Neri , *London* 1662.

Evelin Tranflat of the Boocks of Lucrece , 8. *London* 1650.

Hobs or à confideration , 8.

Thomas Hobes of libertie 8. *London* 1654. & 55.

Caftigations of Hobes animavertions , 8. *London* 1658.

Thomas Hobes de corpore, Anglois , 8.

Boifle of Gems , 8. *London* 1672.

Boifle of effluvium , 8. *London* 1673.

Boifle of flame and air , 8. *London* 1672.

Boifle new experiments touching the air , 8. *Oxfordt* 1660.

Boifle of Goulours , 8. *London* 1664.

Boifle Obfervations of Cold. 8. *London* 1665.

Boifle Hydroftatical Paradoxs , 8. *Oxfordt* 1666.

Boifle and Introduction tho the Hiftory of particular qualities , 8. *London* 1671.

Boifle of formes and qualities , *Oxfordt* 1667.

Boifle Chymifta Scepticus , 8. *London* 1662.

The Hiftory of vegetables Felow , 8. *Oxfordt* 1666.

A Treatife of Boifons by Ramefey , 8. *London* 1667.

Wingate Arithmetique made Eafie , 8. *London* 1650.

HISTORIENS

HISTORIENS NATURALISTES in 12. 16. & 24.

SCHOCCHIUS de Nihilo, 12. *Et contra Socinianos*
Florus Francicus, 12. *Parisiis* 1644.
Florus Gallicus, 12. 1644.
Geographie Royale du Pere Labbe, 12. *Lyon* 1667.
Lipenii Navigatio Salomonis, 12. *Witemberga* 1660.
Polidorus Virgilius de rerum inventione, 12. *Lugduni Batav.*
    1644.
Septem Planetæ, 12. *Amstelodami* 1614.
Mundi Synopsis, sive de imagine mundi, 12. *Spire* 1583.
Romulo di Malvesi, 12. *Venise* 1633.
Albertus magnus de rebus metallicis, 12. *Colonia* 1569.
Æliani varia Historia Fabri, 12. *Saumur* 1667.
Ciaconius de Triclinio, 12. *Amstelodami* 1664.
Magius de Tintinnabulis, 12. *Amstelodami* 1664.
Balduinus de Calceo, 12. *Amstelodami* 1667.
Grotius, Mare liberum, 12. *Lugd. Batav.* 1633.
Testament de Basile Valentin, Allemand, 3. vol. *Jena* 1626.
Justinus Fabri, 12. *Salmurii* 1671.
De l'Usage du Caphé & du Thé, 12. *Lyon* 1670.
Georgio de Falconi Astori Spavavieri, &c. 12. *Milan* 1645.
Bartholinus de Armiliis veterum Wormii, 12. *Amstelodami* 1676.
Primerosius de vulgi erroribus, 12. *Roterodami* 1658. ————
Breveronicius de Calculo, 16. *Elzevir* 1638.
Pelshoferi discursus de opio, 12. *Witemberga* 1658.
Bartholini Spicilegia bina, 16. ex vasis lymphaticis, *Amstelodami*
    1661.
Schneiderus de Osse, 12. *Witemberga* 1655.
Pisanellus de Alimentis, 12. *Bruxelles* 1662.
Schoochius de Sternutatione, Butyro & aversatione casei, 12.
    Amstelodami 1664. & *Groningue.*
Scoochius de Cervisia, 12. *Groningue* 1661.
Scoochius de fermento & fermentatione, 12. *Groningue* 1663.
Scoochius de Ciconiis, 12. *Groningue* 1661. & 1658. de Turffis.
Scoochii dissertatio de Haringis, 12. *Groningue* 1659.

S

Teriaque'd'Andromachus de Charras, 12. *Paris.*
Pinæus de Virginitatis notis, *&c.* 12. *Lugd. Batav.* 1641.
Discours Sceptique, sur le passage du Chyle, 12. *Leyde* 1648.
Velthusii, Tractatus duo Medico-Physici, 12. *Vtrekt* 1657.
Tagautii de purgantibus Medicamentis, 12. *Lugduni , Roüille* 1653.
Ludovici de volatilitate salis tartari dissertatio , 12. *Gotha* 1667.
Swalve ventriculi Querela, 12. *Amstelodami* 1664. & Primerosius de morbis puerorum 1659.
Fontani fons seu origo Febrium, 12. *Blaeu* 1664.
Swalve Pancreas Pancrene, 12. *Amstelodami* 1668.
Epistolæ Anatomicæ Malpigii & Fracassati , 12. *Amstelodami* 1669.
Everardi Hominis Brutique exortus, 12. *Medioburgi* 1661.
Everardus, Animalis exortus, 12.
Charleton œconomia Animalis, 12. *Londini* 1659.
Sturnii Febrifugi Peruviani vindiciæ, 12. *Antuerpia* 1659.
Baconis scripta in naturali & universali Philosophia, 12. *Amstelodami* 1653.
Miracula Chymica Mulleri, 12. *Parisiis* 1644.
Hortus patavinus Guilandini Schenckii, 12. *Francofurti* 1600.
De Cultrivoro Prussiaco, 12. *Lugd. Batav.* 1638.
Fuschius de curandi ratione, 12. *Roüille* 1643.
Jonstoni Thaumatographia, 12. *Blaeu* 1632.
Panegirici da Pallemonio, 16. *in Venetia* 1665.
Cæsar Cremonius de calido & semine, 16. *Elzevir* 1634.
Schraderi observationes Anatomico-Medicæ, 12. *Amstelodami* 1674.
Fentzelii Medicina Diastatica, 12. *Herford* 1666.
Morelli formulæ remediorum, 12. *Patavii* 1647.
Borellus observationum Medico-Physicarum, 12. *Castris* 1653.
Barbatus de sanguine & ejus Sero, 12. *Parisiis* 1667.
Cornelius Celsus de Medicina Venderlinden 12. *Elzevir* 1627.
Aphorismi Hyppocratis, 24. *Lugd. Batav.*
Berkeri Medicus Microcosmus, 12. *Londini* 1660.
Valesii Methodus medendi, 12. *Lovanii* 1647.
Franboesarius, schola Medica, 12. *Lugd. Batav.* 1628.
Ganivetus amicus Medicorum , Gondisalvi , 12. *Francofurti* 1614.

Inftitutiones Medicinæ, Sennerti Epitome, 12.
Gorræi formulæ remediorum, 12. *Lutetiæ* 1572.
Religio Medici, 12.
Joannes Steph. fumma præcautionis ratio peſtiferæ contagionis, 16. *Venetiis* 1624.
Blaſii Anatome contracta, 16. *Amſtelodami* 1666.
Anatomia Sambuci, 12. *Lipſiæ* 1631.
Obſervation Anatomique du ſieur Guide.
Tachenii Hyppocrates Chymicus, 12. *Pariſiis* 1669.
Dornæi clavis totius Philoſophiæ Chymiſticæ, 12. *Francofurti* 1583.
Novum lumen Chymicum, 12. *Genevæ* 1628.
Pharmacopæa Amſtelodamenſis, 16. *Blaeu* 1660.
Inſtitutiones Sennerti, 12.
Facultas Chymica, 12.
Pratique de Geometrie de le Clerc, 12. *Paris* 1669.
Barow in Euclidem, 12. *Londres* 1659.
Tableau Aſtronomique, 12. *Blois, Cottereau* 1606.
Ariſtarchus Samius de mundi Syſtemate, 12. *Paris* 1644.
Biranbrigii Aſtronomia, 12. *Oxoniæ* 1648.
Trigonometrie Geometrique, 12. *Roüen* 1626.
Wingate de la regle de proportion, 12. *Paris* 1624.
Table de Sinus par Girard, 12. *Elzevir* 1626.
Poſtellus de Coſmographia, 12. *Lugduni Batav.* 1636.
Pardies, deux machines à faire des Cadrans, 12. *Paris* 1673.
Pardies, diſcours du mouvement local, 12. *Paris* 1670.

HISTORIENS NATURALISTES
Anglois in 12. 16. & 24.

THE art of Simpling, 12. *London* 1656.
Eugenius Euphrates or the Watters, 12. 1655.
Lowels a compleat herbal, 12. *Oxfordt* 1659.
Thineſt obſervations, 12.
Thomas mund England, 12.

HUMANISTES in folio.

THESAURUS linguæ Græcæ, fol. 4. vol. *Henrici Stephani.*
Thesaurus linguæ Latinæ, fol. *Roberti Stephani.*
Despautere de Robert Estienne, fol.
Dictionnaire de Nicod, fol.
Dictionarium Gallico-Latinum, fol. *Caroli Stephani.*
Gesneri Bibliotheca & Pandectæ, fol. 3. vol. *Tiguri* 1583.
Bibliotheque du Verdier, fol. *Lyon, Honorat* 1585.
Vocabulario de la Crusca, fol. *Venise* 1623.
Budæi Commentaria linguæ Græcæ, fol. *Roberti Stephani* 1548.
Dictionarium Poëticum, *&c.* fol. *Loidii Oxonii.*
Dansquii Ortographica, fol. *Tornaci Nemiorum* 1632.
Lexicon Martinii, fol. 2. vol. *Francofurti.*
Lexicon Ferrari fol. *Muguet* 1670.
Callepini Dictionarium, fol. 1667.
Glossarium Spelmani, fol. *Londini* 1626.
Suidas, 2. vol. *Coloniæ* 1619.
Grammaire Grecque de Meslier, fol.
Sigilla Comitum Flandriæ, fol. *Brugis* 1639.
Icones Principum Reipublicæ Venetæ Leonis Matinæ, fol. 1059.
Columna Trajani, fol. *Roma* 1616.
Stradæ numismata, fol. *Francofurti* 1629.
Portraits des Rois de France, fol. *Camusat* 1636.
Monumenta Boxphornii, 1636.
Fulvii Ursini Elogia, fol. 1570.
Cuspinianus de viris clarissimis Volphangi & Austriæ, fol. *France-*
　　　　furti 1601.
Hierologia Anglicana, fol. cum figuris, *Londini* 1620.
Elogia Theologorum, fol. parchemin, *Haga-Comitis* 1602.
Elogia Medicorum, Sambuci, fol. *Amstelodami, Samson* 1612.
Menestrier des Medailles des Imperatrices, fol. *Dijon* 1625.
Antiquarum statuarum Urbis Romæ liber, fol. 1621.
Stremnius, familiarum Romanarum Stemmata, fol. *Estienne* 1559.
Funerali Antichi, fol. parchemin da Castilione.
Luchii Numismata, fol. parchemin.

Numismata

Numismata Imperatorum, Antonii Augustini, fol. *Anvers* 1654.
Symbola Tipotii, fol.
Impresse di Ferro, fol. 2. vol.
Savedræ Symbola, fol. *Bruxelles* 1647.
Entrée du Roy à Paris aprés son Mariage, fol.
Traité de la Cour des Monnoyes, de Constans, fol. gr. lat. *Cramoisy* 1668.
Les Monnoyes de Boutrouë, fol. gr. pap. 1660.
Chronologia Calvisii, fol. *Francofurti* 1650.
Hospitalis Cancellarii Epistolæ, maroquin, fol. gr. pap. *Patisson.*
Corpus Civile, 2. vol. *Hollande.*
Ursatus de notis Romanorum, fol. *Patavii* 1672.
Rosinus de Antiquitatibus Romanis, fol. *Parisiis, la grande Navire* 1613.
Cassiodori Opera, fol. *Nivelle.*
Onufrius de ludis Circensibus, fol. gr. pap. *Patavii* 1642.
Pandectæ triumphales, fol. 1586.
Celius Rodiginus, fol.
Sæenchius de conviviis & de Sacrificiis, fol. 2. vol. *Tiguri* 1597.
Tableaux de Philostrate, fol. gr. pap. 1614.
Vollaterani opera, fol. *Marnius* 1603.
Forsterii Miscellanea, fol.
Lilius Giraldus, fol. *Basileæ* 1580.
Macrobii opera, fol. *Basilea, Hervagius* 1635.
Salmasii exercitationes Plananæ, fol. *de Rouhard* 1629.
Museo di Moscardo, fol. *in Padua* 1656.
Plutarchi opera, fol. 2. vol. gr. lat. *Parisiis.*
Il Cortegiano, fol.
Welserius de Rebus Augustis, fol.
Aulus Gellius, fol. *Valcosan* 1536.
Bocace, des Nobles mal-heureux.
Penu Tullianum Frobenii, fol. *Hamburgi* 1619.
Regius de la vicissitude des choses, fol. *Paris* 1577.
Isocratis opera, fol. gr. lat. *Henry Estienne.*
Demostenes Græco-Latinus, fol. *Marnius* 1604.
Ciceronis opera Caroli Stephani, fol. 2. vol. maroquin.
Bocacius de Genealogia Deorum, fol. *Hervagius* 1532.
Metamorphosis Ovidii Farnabii, fol. cum figuris, *Morel* 1637.
Mythologie des Dieux, Baudoüin, fol. *Paris, Thiboust* 1627.
Virgilius, fol. cum figuris, *Londini.*

T

Euſtatius in Homerum , fol. 4. vol. *Roma* 1550.
Ovidius Diverſorum , fol.
Petrarchæ opera , fol. *Baſilea.*
Senecæ opera diverſorum , fol. *Chevalier* 1607.
Severtii Florilegium , Manuëlis Chuerti, fol. *Francofurti* 1612.
Il Dante di Sanſovino , fol. *Veniſe* 1578.
Orlando Furioſo , fol. *Veniſe* 1578.
La Gieruſalemme di Taſſo , fol. *in Genoa* 1617.

HUMANISTES ANGLOIS in folio.

GOTGRAWE Dictionnaire Anglois, fol. *London* 1550.
Wilkins an Eſſay Towards à real caracter , fol. *London* 1668.
Etymologium Anglicanum Skinneri, fol. *London.*
Portrait du Roy d'Angleterre , Anglois.
Sociable Letters and Princeſſe , Marchioneſſe of Newcaſtel , fol. 1664.
Philoſophicas Letters by the Marchioneſſ of Newcaſtel , *London* 1664
Orations of divers Sorts by the March. Newcaſtel, f. *London* 1612.
Phyloſophical and Phyſical opinions by the Marchioneſſ of New-caſtel, fol. *London* 1664.
Comteſſes of Pembrock Arcadia , fol. *London* 1593.
Ejuſdem Poëms and Phanges , fol. *London* 1664.
Ejuſdem Plays Newer before , fol. *London* 1660.
Method tod dreſſ. Horſes, by te Prince of Newcaſtel, *London* 1667.

HUMANISTES in quarto.

VOCABULARIO Italiano , Spagnuolo & vice verſa con Grammatica di Francioſini , 4. 3. vol. *Roma* 1638.
Notitia de vocaboli Eccleſiaſtici , 4. *in Meſſina* 1644.
Rulandi Lexicon Alchymiæ , 4. *Francofurti* 1612.
Threſor des Langues de Duret , 4. *à Chiurdan* 1619.
Serræ Synonimorum Apparatus , 4. *Venetiis* 1654.

Amalthea Onomaſtica, 4. *Lucæ* 1640.
Julii Pollucis Onomaſticon, 4. *Francofurti* 1608.
Dictionnaire Italien & François d'Oudin, 4. 1653.
Gothofredi Authores linguæ latinæ, 4. *Geneva* 1602.
Theſaurus practicus Beſoldi, 4. 2. vol. *Norimberga* 1659.
Goclenii Lexicon Philoſophicum, 4. *Francofurti* 1613.
Goclenii Lexicon Philoſophicum Græcum, 4. *Malchioburgi* 1615.
Dictionarium quinque Linguarum, 4. *Venetiis, Moret* 1595.
Elenchus ſcriptorum Juris Civilis & Canonici Gomeſii, 4. *Franco-*
     furti 1674.
Biblotheca Pontificia, 4. *Lugduni* 1643.
Bibliotheca Hiſpanica, 4. *Francofurti, apud Marnium* 1608.
Hotringeri, Bibliotheca Orientalis, 4. *Heidelberga* 1658.
Theſaurus Geographicus Ortelii, 4. *Hannovia, apud Antonium.*
Epitome Geographiæ Ferrarii, 4. *Ticini* 1605.
Bibliotheca Boldeiana, 4. *Oxoniæ* 1620.
Verdelinden de ſcriptis Medicis, 4. *Amſtelodami* 1662.
Dictionario Spagnuolo ed Italiano, Italiano & Spagnuolo con la
     Grammatica di Francioſini, 4. 3. vol. *Roma* 1638.
Sybillarum Icones Paſſæi, 4. 1601.
Duodecim primorum Cæſarum effigies, *&c.* 4. *Spire* 1599.
Fables d'Eſope, avec figures, 4. *Paris* 1639.
L'art des Deviſes du P. le Moine, 4. *Cramoiſy* 1666.
Boiſſardi Icones virorum Illuſtrium, 4. *Francofurti* 1597.
Livres de Villes, figures.
Figure des Monnoyes de France, avec leur valeur, manuſcrit, 4.
     1619.
Goldaſti Catholicon Rei Monetariæ, 4. *Francofurti* 1620.
De Monetis & Re nummaria Budellius, 4. *Colonia Agrippina*
     1591.
Les manieres de faire eſſais des Mines en Allemand, manuſcrit.
Traité des Monnoyes par un Conſeiller d'Eſtat, 4. 1601.
Godofredi & juſti Lipſii diſputatio *ou* Breviarium de Monetis, 4.
Vircebourg 1622. *Patavii* 1648.
Reduction des Monnoyes en Allemand, 4. 2. vol. *Hamburgi.*
Bornitii de nummis in Republica percutiendis & conſervandis, 4.
     Hannoviæ 1608.
Mariana de ponderibus & menſuris, 4. *Toleti* 1599.
Freherus de Re Monetaria, 4. *Lugduni* 1605.
Angelocrator de ponderibus & menſuris, 4. *Francofurti* 1628.

Leuberus de reductione Monetali, 4. *Norimbergæ* 1629.

Vafferus de antiquis nummis Hebræorum, & menfuris, 4. *Tiguri* 1605.

Capel de ponderibus, nummis & menfuris tractatus duo & unus Angelocratoris, 4. *Marpurgi* 1617.

Savot des Medailles, 4.

Antonius Auguftinus & Fulvius Urfinus de familiis Romanorum, 4. *Lugduni* 1592.

L'Alitinonfo di Scaruffi concordanza d'ogni moneta, 4. *in Reggio* 1582.

Strada des Medailles, 4. *Lyon, Strada* 1553.

Promptuaire des Medailles, 4. *Lyon, Roüille* 1581.

Le poids des Medailles, 4. *Paris, Patiffon* 1579.

Medailles des anciens Empereurs, 4. *Dijon* 1642.

Erizzo Sopra le Megdalie, 4. *in Vinegia Varife* 1571.

Occonis numifmata, 4. *Augusta Vindelicorum* 1601.

Sequini numifmata, 4. *Cramoify* 1666.

Numifmata Imperatorum Ducis d'Arfcot, 4. *Antuerpia* 1627.

Æneæ vici duvalli Auguftarum imagines, 4. *Paris* 1619.

Ortelii Deorum & Dearum capita, Suvertii, 4. *Antuerpia* 1602.

Guirani duorum numifmatum Nemaufienfium explicatio, 4. *Araufioni* 1655.

Georgii Gemiftii de Platonis & Ariftotelis Philofophiæ differentia, 4.

Joannis Juifnerii de natura Magnetis opufculum, 4.

Pomponius Ganricus de Sculptura, 4.

Daufqui Terra & Aqua, 4. *Tornaci, Nerviorum* 1653.

Claudii Ptolomæi de judicandi facultate per Bullialdum, 4. *Cramoify* 1663.

Inftitutiones Cronologicæ Breveregii, 4. *Londini* 1669.

Gorlæi Dactyliotheca, 4. *Scalpturæ* cum Privilegio.

Roccha de campanis & de ligno crucis & de Re nummaria, 4. *Roma* 1612. Cum Pafchafio & alii de alea & ludo aleæ, 4. *Neapoli, Nemetum* 1617.

Pafchalius de Coronis, 4. *Parifiis, Perier, Plantin* 1610.

Pafchalius de Legatis, 4. *Parifiis, Plantin, Perier* 1612.

Luccus Flaccus & alii de Agrorum conditionibus, 4. *Parifiis Turneb.* 1554.

Moreftellus de triplici anno Romanorum, 4. *Lugduni, Rouffin* 1605.

Heronis Spiritalia à Comandino, 4. *Parifiis* 1580.

Van Berlicom elementa rerum naturalium, 4. *Roterodami* 1656.

Proverbia

Proverbia Arabica Scaligeri, 4. *Leyde* 1614.
La Pyroctenie de Tritheme, 4. *Paris* 1656.
Ausonius Vineti, 4. *Burdigalæ, Millanges* 1604.
Scaliger adversus Erasmum & opuscula, 4. *Tholosa* 1621.
Quæstiones Romanorum per Boxphornium, 4. *Lugd. Bat.* 1637.
Scaligeri opuscula varia, 4. *Parisiis, Droüart* 1610.
Salmasius in Enchiridion Epicteti, 4. *Lugd. Bat.* 1640.
Descartes Geometria, 4. *Amstelodami* 1670.
Descartes de homine, 4. *Lugd. Batav.* 1662.
Descartes de Musica, 4. *Trajecti ad Rhenum* 1640.
Descartes Meditationes Metaphysicæ, 4. *Amstelodami* 1644.
Descartes de l'homme, 4. *Paris* 1664.
Lettres de Descartes, 4. *Paris* 1657.
Descartes principia Philosophiæ, 4. *Elzevir* 1644.
Dialogo di Galileo, 4. *in Firenza* 1632.
Cæsaris Cremonis disputatio de formis elementorum, 4. *Venetii*
    1605.
Grandis Dissertationes, 4. 1657.
Du Hamel de Meteoris, 4. *Paris* 1660.
Paulii Macii Emblemata, 4. *Bononiæ* 1624.
Maieri Emblemata, 4. *Openheim* 1618.
Impresse di Ruscelli, 4. *Venetia* 1584.
Impresse d'elle Officiosi, 4. *in Siena* 1641.
Impresse del Dolce, 4. 2. vol. *Venise* 1583.
Thomas Anglus de Mundo, 4. *Paris* 1642.
Fracastoris opera, 4. *Venise* 1584.
Cardanus de Sapientia, 4. *Mediolani* 1543.
Vossius de arte Poëtica, 4. *Elzevir* 1647.
    De Historicis Græcis, *Lugduni Bat.* 1651.
    De Historicis Latinis, 4. *Lugd. Bat.* 1651.
    De Philosophia & Philosophorum sectis, 4. *Haga-Comitis*
        1658.
    De Arte Grammatica, 4. *Amstelodami* 1655.
    De Arte Historica, 4. *Lugd. Bat.*
    De vitiis sermonis, 4. *Elzevir* 1645.
    De quatuor Artibus, 4. *Amstelodami* 1650.
    De Logica & Rhetorica, 4. *Haga-Comitis* 1658.
    De Poëtis Græcis, 4. *Amstelodami* 1654.
    Rhetoricorum Commentariorum libri sex, 4. *Lugd. Batav.*
        1643.

V

Campanella de fenfu rerum & magia, & de natura rerum, 4.
    Francofurti 1617. & 1620.
Scaliger contra Cardanum, 4. *Vafcofan* 1557.
Lipfii opera, 4. 5. vol. *Plantin* 1614.
Artemidorus Rigaltii, 4. *Morel* 1603.
Enchyridion Metaphyficum, 4. *Londini* 1671.
Fabulæ Phædri, 4. *Saumur, Fabri* 1657.
Poftelli Grammatica Arabica, 4. *Parifiis.*
Remarques fur la langue Françoife de Vaugelas , 4. *Courbé*
    1647.
Danet, Dictonnaire Royal.
Oeuvres de Jean de Villiers, & intelligence des langages, 4. *Paris,*
    Sonius 1613.
Poftel de Magiftratibus Athenienfium, 4. *Vafcofan* 1541.
Bail, du Domaine, 4. *Paris* 1670.
Salmafii Præfatio de Omonymis Hylefiatricæ , & de Plinio
    judicium, 4. *Diviona* 1668.
Recüeil des Lettres du fieur Morin contre Gaffendi , 4. *Paris*
    1650.
La découverte Philofophique, 4.
Boccalini Ragucaglio di Parnaffo, 4. 2. vol. *Venife* 1617.
Oeuvres de l'Efchaffier, 4. *Paris* 1649.
Jurifprudence de Colombel, 4. *Paris* 1655.
Chiffres de Vigenerre, 4. *Langelier* 1587.
Nouvellas de Miguel de Servantes, 4. *Madrid* 1613.
Decamerone di Bocacio, 4. *Venife, Giolite* 1588.
Piaza univerfale, 4. *in Venetia* 1616.
Eugeno Raimondi delle Caccie, 4.
Opufcules de Loyfel, 4. *Paris* 1652.
Voffius Rethoricorum, 4. *Lugd. Bat.* 1643.
Inftitutions de Juftinian, de la Cofte, 4. *Paris* 1659.
Selecta Juris Canonici, 4. *Paris* 1658.
Chronologia Helvetica Suizeri, 4. *Hannoviæ, Vekel* 1607.
Chronologia Sacra, Prophana Vorftii, 4. *Lugd. Batav.* 1654.
Chronologia Camuzei, 4. *Trecis* 1608.
Lucretius Lambini, 4. *Parifiis, Benenat* 1570.
Manilii Aftronomicon Scaligeri, 4. *Plantin Raphelinge* 1600.

HUMANISTES ANGLOIS in quarto.

SKENNE de verborum significatione, 4. *London* 1641.
Goldemanii Dictionarium, 4. *Cambrigia* 1674.
Catalogus manufcriptorum Oxoniæ & Cantabrigiæ, 4. *London* 1660.
Dictionarium Etymologicum de facra Quercu, Latin & Anglois, 4. 2. vol. *London* 1648.
Invention or Devifes, 4. *London* 1678.
Brerewood de Ponderibus & pretiis veterum nummorum, 4. *London* 1614.
Bourne inventions od devifes, 4. *London.*

HUMANISTES in octavo.

LEXICUM Græcum Screvellii, 8. *Lugd. Batav.* 1664.
Dictionarium Latino-Germanicum, Frifii , 8. *Francofurti* 1616.
De Latinis & Græcis Arborum, *&c.* nominibus, 8. *Robert Eftienne* 1547.
Nomenclator Junii, 8. *Francofurti* 1620.
Nomenclator Octilinguis Germbergii, 8. *Geneva* 1619.
Dictionnaire François, Allemand & Latin de Duez, 8. *Leyde* 1642.
Dictionnaire Latin & Allemand Frifii, 8. *Francofurti* 1616.
Dictionnaire Caraibe François de Raymond Breton, 8. *Auxerre* 1664.
Paradis Manuductio ad linguam Græcam, 8. *Parifiis* 1637.
Golii Grammatica Græca, 8. *Amftelodami* 1653.
Schiopii Grammatica Philofophica, 8. *Amftelodami* 1659.
Nouvelle Methode de la langue Latine, 8. *Parifiis* 1655.
Perionius de linguæ Græcæ origine, 8. *Nivel* 1555.

Nonnius Marcellus de proprietate Sermonum, 8. 1586.
Emblemata Alciati, 8. *Lyon, Roüille* 1548. & *Paris* 1589.
Hultii numifmata à Julio Cæfare ad Rodolphum secundum, 8.
      Francofurti 1605.
De Cavalleriis effigies Imperatorum Romanorum, 8. 1590.
De Cavalleriis effigies Pontificum Romanorum, 8. 1595.
Impreffe di Gionio, 8. *Lyon, Roüille* 1574.
Devifes de la Boiffiere, 8. *Paris* 1654.
Devifes de Paradin, 8. *Paris, Bouttonné* 1621.
Hottomannus de re nummaria, 8. *Leimar* 1585.
Le denier Royal de Grammont, 8. *Allemagne* 1574.
De Rei Monetariæ in Imperio Romano & Germanico ftatu peri-
      culofiffimo, 8. *Norimbergæ* 1665.
Ordonnances des Mines de France, 8.
Grimaudet des Monnoyes, 8. 2. vol. *Paris* 1576. & *Marnet*
      1586.
J. Scaligeri differtatio de re nummaria, 8. *Plantin* 1616.
Gronovius de pecunia veteri, 8. *Amftelodami* 1656.
Gronovius de Veterum ufuris, de nummis & de fœnore unciario.
Cyaconii opufcula, 8. *Romæ Vatican* 1608.
Robertus Cenalius de ponderibus & menfuris, 8. *Parifiis* 1547.
Porcius de re pecuniaria, 8. *Coloniæ* 1551.
Labbe Bibliotheca Bibliothecarum, 8. *Parifiis* 1654.
Salmafius de Helleniftica, 8. *Elzevir* 1643.
Scaliger in Varonem, 8. *Robert Eftienne* 1565.
Terentius Varro, 8. *Henry Eftienne* 1573.
Prædium Rufticum, 8. *Charles Eftienne* 1554.
Oughtred Clavis Mathematica, 8. *Oxoniæ* 1652.
Goclenii Phyfica, 8. 1504.
Effigies Roberti Flud. 8. *Parifiis* 1636.
Alciati Emblemata, 8. *Lyon, Roüille* 1566.
Cato & Terentius Varo de re Ruftica, 8.
Columella de re Ruftica, 8.
Goclenii Philofophia Platonica, 8.
Avis pour dreffer une Biblioteque, de Naudé, 8. 2. vol. *Paris*
      1644.
Natalis Comes Linocerii & anonymi, 8. *Geneva* 1618.
Duckius de Jure Civili Romanorum, 8. *Londini* 1653.
Colloquia Erafmi, 8. *Bafilea, Froben* 1537.

Bulengeri

Bulengeri de circo Romano, 8. *Paris, Saugrain* 1598.
Caftelanus de feftis Græcorum, 8. *Antuerpia.*
Rami & Talæi Collectanea, 8. *Paris, Duval* 1577.
Rami Varia, 8.
Saluftii Hiftoria, 8.
Paufanias de veteri Græcia Sylburgii , 8. *Francofurti Vekel* 1624.
Thucydides de bello Peloponnefiaco Ajacii Enenexel, 8. *Argentorati* 1614.
Rami Ciceronianus, 8. *Paris Vekel* 1557. double.
Opufcula Mythologica, *&c.* 8. gr. lat. *Cambridge* 1671.
Saubertus de Sacrificiis, 8.
Molinæi Philofophia, 8. *Amftelodami* 1645.
Kirckermannus de funeribus Romanorum , 8. *Hamburgi* 1605.
Stultifera navis, 8. *Bafilea.*
Cicero de Officiis, 8. *Lugduni Griph.* 1536.
Paffions de l'Ame de Defcartes, 8. *Paris* 1649.
De nugis Curialium, 8.
Ciceronis Epiftolæ familiares, 8. *Henry Eftienne.*
Cornelius Tacitus Berneggeri, 8. *Argentorati* 1634.
Scaligeriana, 8. *Geneva* 1666.
Aulus Gellius Variorum, 8. *Lugd. Bat.* 1666.
Cornelius Nepos Variorum, 8. *Lugd. Batav.* 1658.
Titus Livius Variorum, 8. 3. vol. *Elzevir* 1664.
Florus Variorum, 8. *Neomagi* 1662.
Suetonius Variorum, 8. *Lugd. Bat.* 1662.
Saluftius Variorum, 8. *Lugd. Bat.* 1659.
Hiftoriæ Auguftæ Scriptores Variorum, 8. *Lugd. Bat.* 1661.
Commentaria Cæfaris Variorum, 8. *Elzevir* 1667.
Juftinus Variorum, 8. 2. vol. *Lugd. Bat.* 1660.
Quintilianus Variorum, 8. 2. vol. *Lugd. Bat.* 1665.
Quintus Curtius Variorum, 8. *Lugd. Bat.* 1658.
Arrianus Variorum, 8. *Amftelodami* 1668.
Sulpitius Severus Variorum, *Lugd. Bat.* 1654.
Petronius Variorum, 8. *Lugd. Bat.* 1669.
Macrobius Variorum, 8. *Lugd. Bat.* 1670.
Vinnius de origine Juris, *&c.* 8. *Lugd. Bat.* 1671.
Senecæ opera Variorum, 8. 3. vol. *Amftelodami* 1672.
Cornelius Tacitus Variorum, 8. 2. vol. *Amftelodami* 1672.

Plinius Variorum, 8. 3. vol. *Amstelodami* 1669.
Alexander ab Alexandro, 8. 2. vol. *Lugd. Bat.* 1673.
Epistolæ Plinii Variorum, 8. *Lugd. Bat.* 1669.
Apulei opera Casauboni, 8. 2. vol. *Lugduni* 1614.
Luciani opera Benedicti, 8. 2. vol. *Saumur Piedieu* 1619.
Quintus-Curtius Frenshemii, 8. *Argentorati* 1640.
Orationes Ciceronis Freigii, 8. 3. vol. *Francofurti* 1653.
Ciceronis Epistolæ ad Atticum, Bosii, 8. *Ratiasti Lemovicum*
        1690.
Cornelius Tacitus Lipsii, 8. *Plantin* 1588.
Erasmi Encomion Medicinæ, 8. *Basilea Froben* 1551.
Brunus, ars Memoriæ, 8. *Paris* 1582.
De Kyrspe conjestorium artificiosæ memoriæ, 8. gothique.
Hobbes Elementa Philosophiæ, 8. *Londini* 1655.
Ragionamenti di Aretino, 8. *Cosmopoli* 1660.
Portæ Magia Naturalis, 8. *Antuerpia* 1560.
Gemma de Naturæ divinis Characterismis, 8. *Plantin* 1575.
Lemnius de occultis Naturæ miraculis, 8. *Plantin* 1681.
Gassendi exercitatio Epistolica adversus Fluddi Philosophiam, 8.
        Parisiis, Cramoisy 1630.
Gassendus adversus Aristotelem, 8. *Elzevir* 1649.
Salmasius de annis Climatericis, 8. *Elzevir* 1648.
Bassoni adversus Aristotelem, 8. *Elzevir* 1649.
Varandei Physiologia, 8.
Oblatio salis Davissoni, 8. *Parisiis* 1641.
Machiavelli Princeps, 8.
Essais de Montagne, 8. *Paris, Langelier* 1662.
Traitté de l'esprit de l'homme de Chanet, 8 *Paris* 1644.
Consideration de Chanet sur la sagesse de Charron, 8. *Paris, le Grou*
        1644.
Connoissance des Animaux de Chanet.
Danjou, la Philosophie de Socrates, 8. *Paris, Bienfait* 1660.
Montan, le Miroir des François, 8. 1581.
Bigarrures des accords, 8. *Roüen, du Mesny* 1640.
De utilitate in adversis capienda, 8. *Franckera* 1648.
Enchyridion Ethicum, 8.
Giffanius in Ethicum Aristotelis, 8.
Hierocles in Pythagoram, 8. *Paris, Prevosteau* 1583.
Georgii Calixti Judicium, 8.

Iſacii Hollandii mineralia, 8. 2. vol.
La Bibliographie Politique de Naudé, 8. *Paris* 1642. & 16. *Veniſe*
    1633.
Janua Linguarum, grec, latin & françois, 8. *Elzevir* 1643. Alle-
    mand, latin, françois & italien, 8. *Elzevir* 1640.
Nomenclatura Dueſii, 8. *Elzevir* 1644.
Nouvelle Methode Italienne & Eſpagnolle du Port Royal, 8. *Paris,*
    Petit 1660.
Policraticus Joannis Sareſberiennenſis, 8. *Lugduni Bat. Raphelingæ*
    1593.
Frigelius de ſtatuis illuſtrium Romanorum, 8. *Holmiæ* 1656.
Scaligeriana, 8. *Genevæ* 1666.
Dialogi notturni de Ferreti, 8. *in Ancona* 1604.
Balduini calceus antiquus, 8. *Paris* 1615.
Baconi opuſcula Poſthuma, 8. *Londini* 1658.
Perſius Caſauboni, 8. *Paris, Drouart* 1605.
Ovidius Variorum, 8. 3. vol. *Lugduni Bat.* 1660.
Virgilius Variorum, 8. *Lugduni Bat.* 1661.
Horatius Variorum, 8. *Lugduni Bat.* 1663.
Juvenalis Variorum, 8. *Lugduni Bat.* 1658.
Martialis Variorum, 8. *Lugd. Bat.* 1661.
Lucanus Variorum, 8. *Amſtelodami* 1658.
Plautus Variorum, 8. *Lugd. Bat.* 1664.
Seneca Tragicus variorum, 8 *Amſtelodami* 1661.
Phædri Fabulæ variorum, 8. *Amſtelodami* 1667.
Oclandro Fujoſo da Caſtiglione, 8. *Veniſe, Guerra* 1570.
Poëtica Scaligeri, 8. *Editio ſecunda apud Santadreanum* 1581.
Juvenalis Lubini, 8. *Hannoviæ* 1619.
Catullus Tibullus Proſpertius Scaligeri, 8. *Patiſſon* 1577. *& Anvers*
    1582.
Lucretius Gifanii, 8. maroquin, *Plantin* 1566.
Horatius Plantini, 8. 1576.
Sophoclis Tragœdiæ, 8. gr. lat. *Cambrigiæ* 1673.
Il Petrarcha di Velutello, 8. *Veniſe* 1550.
Terentius Variorum, 8. *Lugd. Bat.* 1662.
Thomas à Kempis de Imitatione Chriſti, 8. *Roterodami* 1661.

HUMANISTES ANGLOIS in octavo.

GLOSSOGRAPHIA ora Dictionary Hards Words, 8. *London* 1670.
Herborft French and Englifch Dialogues, 8. *London* 1660.
A difcourfes of the Romane fooft and denarius Grang, 8. *London* 1647.
Hudibras the Thirft and Laft parts, 8. *London* 1678.
The Englich Dictionary by Gem, 8. *London* 1642.
Wallis Grammatica Anglicana, 8. *Oxonia* 1674.

HUMANISTES in 12. 16. & 24.

POSTELLI Linguarum caracteres, 12. *Parifiis* 1538.
Εἰκὼν βασιλικὴ. 1648.
De fœtu & lapidibus, 12.
Grammaire Allemande de Spatenback, 12. *Paris* 1659.
Guerino detto il Mefchino, 12. *Venife* 1629.
Methode pour commencer les Humanitez, de le Févre, 12. *Saumur.*
Traité de la Superftition, de le Févre, 12. *Saumur* 1666.
Kiccheri Phyfiologia, 12. *Amftelodami.*
Horatius Tubero de le Vayer, 12. *Mons* 1671.
Ricquius de Capitolio Romano, 12. *Lugduni Bat.* 1669.
Cardani arcana politica, 12. *Lugduni Bat.* 1633.
Jamblicus de myfteriis Ægypti, 12. *Lugduni de Tournes* 1652.
Epicteti Enchyridion, 12. *Londini Bat.* 1634.
Erafmi Encomion Medicinæ, 12. *Amftelodami* 1629.
Sageffe de Charron, Hollande, 12. *Bordeaux Millange* 1607.
Spigellii Ifagoge, 12. *Lugd. Bat.* 1633.
Ragionamenti di Aretino, 12. 1584.
Priapeia Schiopii, 12. *Patavii* 1664.
Petronius Arbiter, 12. *Patiffon* 1587.
Piftorius de Sermonibus Convivalium, 12. *Bafilea.*

Hieroclos

Hierocles in Pythagoram, 12. *Londini* 1673.
Aloisæ Sigæ Toletanæ de Arcanis & amores, &c. 12. *Meursii.*
Speculum Aulicarum oftentationum, 12. *Argentorati* 1621.
Melandri Joco-feria, 12. 2. vol. *Norimbergæ* 1643.
Comenii Phyfica, 12. *Parifiis* 1647.
Logique du Port-Royal, 12. *Paris, Savreux* 1668.
Les Etymologies du P. Labbe, 12. *Paris* 1661.
Du Frefnoy de Arte graphica, 12. *Paris* 1658.
Herbinus terræ motus & quietis examen 12. *Vtrek* 1655.
Bernier, abregé de Gaffendi, 12. 8. vol. *Lyon* 1678.
Baconi Sermones fideles 12. *Lugd. Bat.* 1644.
Réponce au livre de l'Abbé Commendataire, 12. *Cologne* 1673.
Coûtume de Paris de du Molin, 12. *Paris* 1660.
Code Loüis XIV. 16. *Paris* 1667.
Differtatio de motu & natura Cometarum, 12.
Exhortation aux Dames-vertueufes, 12. *Paris* 1608.
Ructovii Critica, 12. *Elzevir* 1650.
Penfées Morales de Marc Anthonin, 12. *Paris* 1648.
Bohumen de fignatura rerum, 12. en Allemand 1638.
Poëtica Stromata, 12. 1648.
Anacreontis & Saphonis carmina, le Févre, 12. *Saumur* 1660.
Bucanani Poëmata, 12. *Amftelodami* 1641.
Epigrammata Owenii, 12. *Amftelodami* 1633.
Comedia di Aretino, 12. 1588.
Notæ in Terentium Fabri, 12. *Salmurii* 1671.
Horatius Fabri, 12. *Salmurii* 1671.
Il Dante, 12. *Lyon, Roüille* 1552.
Martialis Farnabii, 12. *Blaeu* 1644.
Epigrammatum delectus, 12. *Paris, Savreux* 1659.
Ovidii Farnabii Metamorphofis, 12. *Amftelodami* 1639.
Aurati Triumphales & Sannazar, 12. *Roberti, Stephani* 1527.
Jacobi Wallii Poëmata, 12. *Plantin* 1657.
Aurelii Prudentii opera Heinfii, 12. *Elzevir* 1667.

HUMANISTES ANGLOIS in 12. 16. & 24.

DICTIONNARY or an expositor by Gem , 12. *London* 1632.
Vallis Grammatica Anglicana , 12.
Religio Stoici , 12. *Edembourg* 1665.
Hobes de corpore Politico, 12. *London* 1650.
Amoris effigies Jonsoni, 16. *Londini* 1668.
Reliquiæ Vottonianæ , 12. *London* 1651.
Tachy-Graphy by Schelton, 12. *London* 1660.
Hobes Rudimens Philosophicall.
Essayes by William Cornwallies, 12. *London* 1632.
A Womans Woorth deffended , 12. *London* 1599.
Philips Purchaseri Patteron, 12. *London* 1667.
Meriton à Guide for constables, 12. *London* 1671.
Remains of Sirwalter Raleigh, 12. *London* 1661.
Aduice to a son, 12. *Oxfordt* 1656.
A Guide to Heauen from the Word, 16. *London* 1667.
Ovids Metamorphosis, 12. *London* 1638.
Madagascar Poesms, by Davenant, 12. *London* 1648.

Quinze Pacquets de feüilles volantes curieuses.

Fin du Catalogue des Livres de feu Mr Briot.